俞军产品方法论

俞军 等 著

中信出版集团 | 北京

图书在版编目（CIP）数据

俞军产品方法论 / 俞军等著 . -- 北京：中信出版社，2020.1（2025.3 重印）

ISBN 978-7-5217-1205-6

Ⅰ . ①俞…　Ⅱ . ①俞…　Ⅲ . ①企业管理—产品管理　Ⅳ . ① F273.2

中国版本图书馆 CIP 数据核字（2019）第 247811 号

俞军产品方法论

著　　者：俞军　等
出版发行：中信出版集团股份有限公司
（北京市朝阳区东三环北路 27 号嘉铭中心　邮编　100020）
承 印 者：北京通州皇家印刷厂

开　　本：880mm × 1230mm　1/32　　印　　张：11　　字　　数：231 千字
版　　次：2020 年 1 月第 1 版　　印　　次：2025 年 3 月第 18 次印刷
书　　号：ISBN 978-7-5217-1205-6
定　　价：65.00 元

服务热线：400-600-8099
投稿邮箱：author@citicpub.com

“搜索引擎9238，男，26岁，上海籍，同济大学化学系五年制，览群书，多游历。”俞军当年这份求职简历，让很多人印象深刻。

俞军是认真投入产品研究的人，接地气，ego小，同理心强。我第一次见俞军，发现这个口碑很好的产品经理是个理性的人，这让我有点意外。

俞军说产品经理要学习成熟学科的话，最主要是学经济学和心理学，逻辑和同理心都很重要。这点我很认同，也有类似的思考：同理心是地基，想象力是天空，中间是逻辑和工具。同理心，我觉得是两个过程，首先对自我的感受敏感，之后通过自我体验来理解他人。想象力，不是天马行空，是基于同理心的推演。逻辑和工具确保归纳和演绎不跑偏。

这些年关于产品经理充斥着各种论述和概念，快成为玄学了。不着一相，能透过概念看本质，这恰是我觉得俞军这本书写得好的地方。他不蒙人，不神话产品和产品经理，解释清楚了什么是产品经理，为什么要注重用户体验，怎么样算是一个好的产品经理。

——张一鸣

字节跳动创始人兼首席执行官

俞军，是我见到的最锐利、最有思想的产品专家。

在《俞军产品方法论》一书中，他结合自己在百度、滴滴等公司十几年来设计优秀互联网产品和领导产品团队的成功经验，系统总结和阐述了产品设计理念和工具，企业、用户、产品之间的框架和关系，用户模型和交易模型，产品决策方法，产品经理的角色定位和职业成长等关键内容。这本书对于产品经理、企业高层管理者和创业者有很大的参考价值，是一本不可多得的具有真知灼见的好书！

——刘建国

百度工程师文化奠基人、首任首席技术官

目录

推荐序一

程　维

滴滴创始人兼首席执行官

感谢与俞军相识，他通透真实，堪称良师益友。

俞军很善于深度思考和总结，语言精练。第一次见他，是跟张博一起专程去加拿大请俞军加盟滴滴。在一家快餐厅的角落，我激情澎湃，讲一二三四。俞军说："我理解的滴滴，就是把未被满足的出行需求和闲置的汽车资源高效匹配，为用户创造价值。值得干。"他没有多话，考虑了两天气候问题和子女教育问题就加入了。

第一次欢迎分享会，座无虚席，地上、门口都挤满人。俞军穿了条短裤，说他在百度总结了 12 条产品方法论，还是太复杂，现在简化成了一个公式：用户价值 = 新体验 - 旧体验 - 替换成本。他不确定在滴滴还能否有所突破，但希望培养出更多好的产品经理。

有一次，滴滴高管团队去日本"开天眼"（滴滴学习外部经验，开阔眼界的项目）。在大巴上，大家轮流表演节目，轮到俞军，他说他不会唱歌讲笑话，跟大家分享一段感悟吧。“为什么工业时代的企业没有产品经理，总经理就是产品经理，要做市场定位，通过工人实现，不断打磨迭代；互联网时代可以同时做很多产品，才把产品经理岗位从总经理身上剥离出来，做用户需求挖掘、产品设计，通过工程师实现。好的产品经理需要洞悉人性，要像总经理一样考虑周全，好的总经理也必须是好的产品经理。”他说完回到座位，留下面面相觑的大家。终于有一次，大家去 KTV，硬逼俞军唱歌，被逼无奈，他唱了一首《一生何求》，唱得认真，大家听得也认真，虽然他咬字不是很清楚。

在滴滴，关于交易市场设计，效率导向 / 公平导向，如何定价，如何激励司机，我们碰到很多困难。终于有一天，俞军说：“我觉得我的功力又进步了，现在做交易市场产品经理，需要懂经济学，这样才能设计出好的机制，而不仅仅是把交互做好，大家都要看经济学的书。”感谢俞军带领大家帮助滴滴产品完善进步。

从早期不断战斗、敢打敢拼的滴滴，我们慢慢变成了价值观第一条是“为用户创造价值”的更以用户为导向的滴滴。我们开始思考在输赢以外的更底层用户价值、社会责任，慢慢走向成熟。

感谢俞军，祝福俞军。

推荐序二

张　博

滴滴联合创始人兼首席技术官

2016 年，我在加拿大第一次见到俞军。记得我当时问他："你在产品经理这个职业方向上还有什么遗憾？"俞军说了两点：一是之前在百度工作，业务压力大，来不及系统沉淀产品经理方法论，希望有机会进化产品经理方法论并在实践中检验；另一点是把沉淀的方法论传播给更多对产品经理感兴趣的同学们，帮助更多的人。

我们俩经过讨论，一致认为出行行业这样海量、实时、动态的交易市场是非常适合验证沉淀产品方法论的场景。这也是俞军在三年前决定加入滴滴的重要原因。

过去三年间，俞军为滴滴产品团队的体系化建设、产品岗位的价值定位打下了坚实的基础。我作为学生和见证者，也亲身经历了俞军产品方法论的每一次重大迭代，从最开始的"用户价值 = 新体验 – 旧体验 – 替换成本"，到"产品是约束条件下的效用组合"，到后来的交易模型理论。每一次理论的升华都是无数实践经验的总结，对我而言，则是认知的一次次升级。

很高兴看到这本书的出版，这也是俞军 2016 年的第二个心愿：传道、授业、解惑。

世界上还有很多不完美，希望这本书能帮助到更多想通过好的产品改变世界的人。一起加油，让我们的世界变得更好！

自 序

不少人劝过我写本书，讲产品方法论，我每次都毫不犹豫地拒绝。一是因为怕写书太费时间，二是因为虽然我勤于思考且有些收获，但有些观点仍在迭代变化中，觉得未到著书立说时。

2019 年 6 月离开北京前，跟原滴滴快捷出行产品团队告别，收到的礼物之一，是一本样书。这个礼物很重，我能想象它的成稿过程：他们把我过去几年在内部讨论中的分散言论汇集、梳理成一个完整架构，加上各自的理解，补充案例，修饰文字，脱敏，而他们多数人在这之前几个月的业务压力都还特别重。

于是，我也加入了，成为书稿的在线作者群新成员，与他们一起修改补充。

产品经理这个职业并无标准可言，工作内容广泛，没人能是全才。我在原型、数据、技术、项目管理、团队管理、协调沟通和写作等很多方面的天赋并不突出，知道很多人都能做得比我好。我的产品潜力和优势大约只来自三方面：第一，我对感兴趣的领域能做到勤奋和自省；第二，我点的天赋是利他，替众人着想和想众人所想只是本能，很幸运这恰是市场导向型产品经理的优势天赋；第三，百度网站从 2001 年 9 月上线，在 3 年零 10 个月内做到网站流量中国第一、全球第五，其间海量的产品实践大都用来打磨我一个人了，后来又有机会在滴滴深入完全不同的领域，所以我的基础还算扎实，极少人有机会获得这样强度和广度的练习。

本书内容，受我个人经历、视野和能力倾向的局限，关于一些产品探索和思考结论，我虽自信有独到价值，但对准确性和系统性并无把握，错误和偏颇之处在所难免，因脱敏需要而欲言又止导致的信息缺失也在所难免。在此提前致歉，请读者自行独立思考和在实践中验证。我的想法是，作为产品经理这个职业的重要先行者，不论观点对错，写出来能给后来者一点启发总是好的。

我曾经一心想着“一切为了用户”，后来却发现有太多的冲突和取舍困难。直到几年前发现了（其实是接受了）人是自私的——每个用户是自私的，企业中、组织中的每个人是自私的，家庭中、社会中的每个人是自私的，我自己也应该是自私的……于是不再讨好地与世界相处，能平等坦然地看待世界了。在一个人人自私（有异质性和情境性）的世界中，人怎样自处，怎样相处，怎样让人们生活得更好（什么才是好？），怎样处理冲突和取舍、激励和约束，是一件有意思的事。

于是，过去三年中我最重要的努力，是将经济学和心理学的相关知识引入产品经理工作，以及因工作需要，刻意学习了产品经理的选拔和成长过程。

本书内容的简单总结是：企业以产品为媒介，与用户进行价值交换；产品经理要能在实践中理解用户模型和交易模型，设计产品促成更多交易，以创造有利可图的用户价值。本书还介绍了我对产品经理选拔和成长的理解。

本书适合的读者为：在产品工作中遇到过需求冲突或资源冲突，有过权衡取舍困难的人；或在创业和业务发展中思考过用户价值和商业价值的人；或需要了解如何选拔和培养产品经理的人；或个人成长遇到瓶颈和迷茫的产品经理；或有兴趣选择产品经理作为职业的人；或对神秘的出行领域产品工作好奇的人；以及对产品工作感兴趣的其他互联网从业人士。

本书内容仅代表我和几位滴滴产品经理的个人经验和个人观点，并非滴滴公司官方观点，若书中任何内容存在争议，与滴滴无关。产品决策是异常复杂的命题，不可能仅依据方法论做出决策，总要结合具体情境的约束条件进行分析，但这世界每一天都很不一样，所以，如果用本书中的产品方法论去推断滴滴当前的真实产品逻辑是可笑的，请勿对号入座。

感谢 Will（程维）、Jean（柳青）、Bob（张博），感谢滴滴各位同事过去的合作和帮助。

感谢所有“产品经理”的言论和产品曾给予我的启发。

感谢编写本书期间家人的付出和支持。

感谢 Anya（刘杨）、信杰、远健、美辰、肖勇、朱坤、俊宇、思铭、刘飞为推动本书出版的付出。

愿我的学生，自省而好学，纵使身处地狱亦不坠青云之志，始终用理性思维三要素（理性的信念、理性的目标、理性的行动）去改善处境。

俞 军

我们的话

2016年初第一次在滴滴和俞老师交流，用了整整两个小时，因为那时的我正面临一个困惑：有五年经验的产品经理，今后该如何成长？产品经理除了深入场景，理解用户，建立并完善用户模型，不断提升做出高质量决策的能力，还有什么能力提升维度？具有什么样的能力模型的人有产品经理天赋？产品经理应该以哪些理论基础作为专业支撑？……俞老师说，解答这些问题是他来滴滴的目标之一。

三年多来，在滴滴丰富的复杂案例实践基础上，老师还带着我们研读各类经济学、心理学书籍以理论求解，不断输出新的认知与方法。经过无数次迭代升级，我们开启了一扇新的认知大门：明白掌握用户模型之后需要向交易模型跃迁，明白有效决策的思考维度，明白产品经理应该创造什么样的用户价值……庆幸自己有这段经历，对我而言这是职业生涯的新生。

当俞老师要离开团队的时候，除了不舍与祝福，我发自内心地希望能把这么多宝贵的收获总结成书，这个想法很快在快捷核心产品团队中获得了认同和支持。这是作为学生对老师传道授业解惑的感恩，也是给有成长困惑的同路人的指引，更是对这段成长的自我总结。

刘杨（Anya）

资深产品总监，原滴滴快捷出行产品负责人

作为一个互联网行业的产品经理，看到行业内不同时期传播的东西不一样，我一直在思考：到底什么是好的产品经理？产品经理应该创造什么价值？他和商业的关系是什么？他的成长方向是什么？

感谢俞老师和这么多优秀的同事，给了迷茫时的我答案，更让我找到了新的思考方式、成长方式。作为本书的产品经理，感谢俞老师及每一位作者的通力协作。感谢在成长的道路上，帮助、影响过我的每个人。

愿这本书给大家带来一些新的认知和思考。愿每个独立思考的产品经理，无论外部环境如何变化，都能深度思考，坚持理性，创造用户价值。

隋信杰

高级产品专家，原滴滴快捷出行乘客运营增长产品负责人

在写这本赠别恩师的书时，小伙伴们反复地试读、讨论；初稿完成后，俞老师也给了大量修改意见。其间那些令人沉浸于产品世界的讨论，是对我这个参与者的最大奖励，感谢俞老师和我的小伙伴们。

时代变迁，行业中的产品理念亦受到冲击。我们在写作过程中复盘了大量产品案例，不断通过实践来验证俞老师提出的从“用户模型”到“交易模型”的产品理念，这正是变迁中的“不变”。愿此书可以为行业里迷茫的产品人，点亮前方的路。

黄远健

产品架构师，原滴滴快捷出行服务体验产品负责人

初入行做产品经理的时候，我对体验的理解一直围绕“新旧体验差”“用户迁移”这样的关键词，也是带着这样的认知经历了从 PC（个人计算机）到移动互联网时代的跨越。但当这些理念面对“出行”所遇到的各类挑战时，很多问题并不能被很好地回答，类似“为什么在国外普遍使用的高峰期动态调价策略用在国内却遭遇骂声连连”。与此同时，“出行”作为一个民生行业，使得很多线上互联网产品常用的 AB 测试方法也面临着巨大的挑战，每一个看似实验的策略都可能影响着上万司机的生计和上百万乘客的行程，这对产品经理的权衡能力和决策质量也就有了更高的要求，比如，公平和效率该如何兼顾？排队到底应不应该做？

在跟随俞老师学习的这三年中，我们对一个个案例进行了反复的讨论和验证，也对“什么是交易和如何权衡”形成了初步的体系化理解和认知。这本书就是这三年最好的缩影，希望它能帮到同样需要决策和认知升级的产品经理们。

刘美辰

产品架构师，原滴滴快捷出行交易产品负责人

很庆幸也很感恩，能和俞军老师及一群非常优秀的同学一起探索产品经理的理论和实践。来滴滴这两年多最大的收获，是对产品经理的认知几乎全部被刷新，而大部分内容都囊括在本书里。

除去热爱和好运气，对我产品经理道路影响最大的两个因素，我想是“自省”和“自律”，即不断地自我反省＋针对性的刻意练习。此时此刻，如果只能给一个建议的话，那就是千万不要认为读完本书后就能产品功力大长，相反，如果能批判性地审视书中的理论，并在不断的实践中融入自己的思考，相信大家可以更好地吸收其中的养分。

肖　勇

高级产品专家，原滴滴快捷出行拼车产品负责人

最近几年，产品经理这个职业颇有江河日下之感，当年怀着“改变世界”的梦想进入产品经理行列的年轻人们一度踟蹰。“产品经理的价值是什么？”“什么是好的产品经理？”这样的问题频频被问起，但一直没有好的回答。

在我看来，俞老师的理论研究可以给这些问题一个里程碑式的回答。很庆幸自己有机会在滴滴向俞老师学习，亲身经历和见证这些产品理论的诞生。感谢俞老师，感谢产品道路上的众多师友，我相信这本书能让产品经理领域的理论研究前进一大步，也希望它能给还在写着 PRD（产品需求文档）的产品经理们希望。毕竟，在我看来，“创造有利可图的用户价值”（书中将有详解）是“改变世界”的另一种表达，一种更为踏实和坚定的表达。

刘朱坤

高级产品专家，原滴滴快捷出行乘客体验产品负责人

人的一生会碰到很多“老师”，而俞老师无疑是产品经理道路上最特别的那个。很荣幸能在滴滴接受俞老师的教诲，并参与本书“交易”部分的内容整理。

在现实的产品设计中，我们会发现有太多的用户诉求彼此冲突，也有太多的价值创造被层层约束，此时很多决策需要的是“产品智慧”，而不只是一个单纯的聪明解法。非常荣幸能在俞老师身上不断领略及学习到他思考判断产品的视野与智慧，我也常常感叹俞老师认知升级的质量和速度。而这些“智慧”与“认知”也沉淀在了这本书里，希望能引起更多产品经理的共鸣。

赖俊宇

高级产品专家，原滴滴快捷出行定价产品负责人

加入滴滴后，在俞老师的指导和影响下，我们不断完善自己对人、对世界运作规律的认知和理解，并将它们运用到产品工作中。与此同时，俞老师的产品方法论也一直在无形中迭代，逐渐形成了一套完整的体系，对我们的成长提供了莫大的帮助。

我们希望把这套完整的产品方法论汇总起来，形成一本书，以感谢他对我们的指导和帮助。同时也希望俞老师的思想能帮助更多产品经理去认识用户，认识世界，更好地创造用户价值。

王思铭

高级产品专家，原滴滴快捷出行基础产品负责人

我曾经比较天真地认为，产品的知识边界不远，产品的求知道路不长，于是自我要求也不太高，会自我满足于关于“场景”、“体验”和“需求”的小技巧和小方法。直到遇到俞军老师及这些优秀的同事，我才真正有了高山仰止的体验，重新思考用户和产品，并且开始理解业务和商业的本质。

现在我深刻意识到，求索产品的本质、创造用户价值和商业价值，是值得我们追求终生的，哪怕未来无论是市场环境还是业务模式都有大的变化，认知用户、创造产品价值也不会过时。

刘 飞

产品专家（2019 年 3 月已离职），原滴滴快捷出行司机产品负责人

1.

什么是
产品经理

1.1　历史上的产品经理

一个职业能够诞生并留存下来，必然是因为它优化了企业分工，提高了企业收益，产品经理也不例外。

不同时代、不同行业、不同公司的产品经理职能都经历了演变的过程，本节将阐述产品经理变迁历史，以便读者更清楚地了解产品经理这个职业。

1.1.1　消费品时代的产品经理

产品经理这个职业最早起源于宝洁。1926 年，宝洁推出了一款叫卡玫尔（Camay）的香皂，跟宝洁公司自家的另一款象牙牌（Ivory）香皂很相似，但销量一直不佳。

象牙皂是宝洁非常成功的一款核心产品，自 1879 年诞生以来，已经成为被消费者广泛认可的品牌，其市场份额可以占百分之五六十，遥遥领先。

经过分析后发现，卡玫尔香皂还是以前象牙皂团队的职能部门分别负责。因为卡玫尔还处在推广实验阶段，对每个团队的KPI（关键绩效指标）影响不大，每个团队都把这个品牌放在较低优先级的位置。这样一连串下来，就形成了较多的瓶颈，把它的优先级放得最低的职能部门就是最大的瓶颈。这么多职能部门都把它作为低优先级项目，它永远都不会成功。

当时，企业管理中还没有产品经理的概念，多个品牌下的同一类产品都是由几个人组成的团队负责管理和销售的，宝洁公司也采用此种管理模式。当时，宝洁公司有位叫麦克·艾尔洛埃的员工，他在销售卡玫尔香皂的过程中发现了这个现象，提出了“一个人负责一个品牌”的理念，力图解决此问题，认为必须有个人只对这种香皂负责，这个人的第一优先级或者说所有职责就是销售这个。宝洁接受了他的建议，麦克·艾尔洛埃也成为历史上第一个有“产品经理”头衔的人。因为这种做法很成功，后来很多著名的消费品公司都有了产品经理。所以那时候一个品牌只有一个产品经理，他的职能本质上是品牌产品经理。在快速消费品时代，香皂的产品质量无法拉开差距，香皂生产的技术也不会有显著性差异，想要和其他产品产生明显区别，主要靠市场驱动，但更主要的是做定位、做营销、做渠道。

从此，宝洁公司的市场营销策略和运作方式开始改变，以产品经理作为驱动力的产品与销售管理体系逐步建立，并开始允许公司内部品牌旗下的产品在市场上相互竞争，为各自品牌打响市场知名度，赢取市场占有率。通过市场考验一点点完善产品与销售管理方法论，宝洁公司的产品经理责任制度逐渐成形，提升了跟别的公司同类产品相竞争的能力，还让公司旗下各类产品的生命周期拉长了许多。

1.1.2 软件时代的产品经理

20 世纪 90 年代，随着个人电脑的应用和普及，我们进入了软件时代，在那个时代又出现了一批产品经理。

软件时代中诞生了很多 to B（面向企业）软件公司，它们绝大多数都是研发和销售面向企业的软件，这些公司中有很多产品经理。

软件公司的产品经理通常是和销售人员一起，到客户侧沟通，了解客户明确的需求，并将之转化为功能，推动开发工程师研发并上线客户需要的功能。通常情况下，只要客户接受并购买了产品，大部分公司和产品经理就不会追求极致体验、极致逻辑和反复迭代，只需要保证产品不会经常出漏洞，完成更多客户的需求是投入产出比最高的方式。

所以软件时代的产品经理偏重于进行项目管理和推进，按照客户的要求准时上线产品。他们也要具有产品设计能力，但是追求 60 分即可，甚至如果客户已经为所提的需求付过钱了，他们反而会尽可能地拖延时间、简化产品。

但是，随着行业的发展，形成了一些比较大的软件公司，为了企业效率的提升，它们的产品经理分化为三类岗位：

一类是产品市场经理（product marketing manager），也就是面向市场的产品经理，主要研究用户的需求。不过受制于当时的技术条件和手段，他们主要通过用户调研、访谈和小数据量级的分析做用户需求研究，对比于互联网时代的用户研究方式，效率比较低。

第二类是产品经理（product manager），负责产品功能的解决方案设计，满足从产品市场经理处接收到的用户需求。

第三类是项目经理（project manager），主要负责各种项目的管理，通过团队管理和协调的方式，确保项目按时交付。

1.2 不一样的互联网产品经理

互联网产品经理跟以前的产品经理有很大的不同，虽然沿用了同一个词"产品经理"，但其实已不是同一种职能。

如前文所介绍的，在以宝洁为代表的消费品时代，产品经理的侧重点都在销售上面。因为需求相对确定，生产也很标准化，有工业时代成熟的方法论来支撑，使得产品本身容易同质化，但在品牌定位、营销、渠道控制上的差别，决定公司是可以挣 10 亿元还是 100 亿元。因此，宝洁时代的产品经理，在销售和营销方向创造的价值更大。

进入软件时代，产品经理的主要工作是管理软件生产。早年软件的设计大多数是 to B 的，to B 的需求相对容易明确，根据客户的需求进行迭代即可。即使有一些 to C（面向个人）的产品，也因为市场稀缺性的缘故，用户选择较少，产品不愁卖。那个时代最稀缺的是生产软件的合格工程师，供给远远跟不上需求。所以产品经理在管理生产上更能创造价值：沟通协调，版本控制，按时交付。因此，软件时代的产品经理，在协调和生产上创造的价值更大。

在互联网时代早期，产品经理的价值虽然快速上升，但这个职业依然没那么受重视（即使很早就深度享受这个职业红利的百度也一样），优秀人才和高薪职位普遍偏爱工程师，很多产品经理也是工程师"近水楼台先得月"转行做的。

到了 2009 年左右，周鸿祎首先开始强调他作为产品经理的角色（虽然他其实是创始人和首席执行官），后来，马化腾也说自己是产品经理，乔布斯也在媒体上被强调为产品经理。在国外媒体的信息中，虽然也会提到乔布斯的产品经理角色，但这不过是乔布斯众多角色中的一个，也不是很突出的那一个。但在中国，无数人都把他当作产品经理的典型象征和代言人：产品经理就是乔布斯，乔布斯就是产品经理。这三个人重新定义了大众理解的产品经理，大家一想起产品经理就是这些人的形象。随后的移动互联网时代，王兴、傅盛、雷军、丁磊、王小川、张一鸣等多个知名企业创始人也都强调过自己的产品经理角色。

2012 年移动互联网爆发，重新定义了 App（应用程序）产品经理。为什么这么说？因为移动互联网的爆发需要大量的人来做 App，在市场上没有足够人才的情况下，无论是应届生，还是从其他职业转行的人，只要快速学习一些产品基础知识和会画 App 原型，就可以做产品经理。这也使得产品经理的门槛急剧降低，大量人员涌入这个领域。

一方面，在大众的认知里，周鸿祎、马化腾、乔布斯这类人是产品经理；另一方面，应届生都能做产品经理。无数刚入行的新人甚至行业内的老人只做着最简单的产品工作，却自我对标着乔布斯、张小龙等最光鲜的产品经理角色，一度让产品经理的职责定位非常混乱。

2018 年之后又不一样了。移动互联网度过了快速发展期之后，不再疯狂地产出一大堆新产品，少有让人印象深刻的产品出现。而产品经理如果不负责一个产品，称之为产品经理总是有点别扭。没有新产品，也就没有新的产品经理岗位。所以，一个竞争非常激烈的时代开始了，工作五年以上的产品经理在能学习的部分经验、知识、能力上都差不多，之后比的就是真正的天赋、性格等综合实力和机遇了。

国内和硅谷还很不一样，硅谷那边即使是脸书这样较重视产品经理的公司，其产品经理也没那么多。虽然不是一个产品对应一个产品经理，但产品经理一般要负责一个项目、一个重要子方向，是小团队制。只有在中国，一个产品或业务，经常会有十多个产品经理，甚至几十个产品经理。这说明，产品经理的职能跟很多岗位有重叠、交叉或被强化了。

1.2.1 互联网时代特性之一：信息复制分发的边际成本低和用户量巨大

信息复制分发的低边际成本

进入互联网时代，出现了一个非常关键的变化——连接让信息以byte（字节）为单位快速交互传递。互联网的出现，使得信息复制分发的边际成本非常低，效率非常高。互联网创造了一种全新的产品类别：在线信息产品。在线信息产品的一些关键特性，在很大程度上催生了“互联网产品经理”这种新生物，使这个时代的产品经理的职责和价值产生了重大变化。

信息的复制和分发，在人类社会的发展史中已经出现过多次巨大进步。早些年，信息的传递渠道之一是信件，在印刷术没有出现的时候，信件的复制依赖于手工抄写，受限于人力、书写工具等问题，信息复制成本非常高。

随着印刷术的出现，信息复制成本相对降低，大家也有了报纸、杂志这一类获取信息的渠道。但是，信息的传递仍旧有较多延迟，前一天发生的新闻，通常只能在第二天被分发传递到用户手中，中间需要经过内容生产、印刷、运输、配送等一系列环节。

随着技术进一步发展，个人电脑开始普及，软盘、光盘等新的信息载体出现。早些年的操作系统和软件都是刻录在光盘中的。相对于纸质印刷物，这已大幅降低了信息复制成本。但是，这些光盘的分发仍旧需要通过经销商体系进行，仍旧需要巨大的成本。

大用户量

多生产、多供给一份信息的边际成本极低，信息传输速度极快，信息产品还经常是免费的，这又使得可转化用户群极大地扩展。于是，只要产品确实有用户价值，在线信息产品很容易呈爆发性增长，很多产品都能在短短几年时间之内就达到用户数过亿，这在以前是难以想象的。传统的消费品和计算机软件中，只有凤毛麟角的产品能达到一个较大的用户数量级，且要通过很长时间的经营才能做到。

再加上互联网使信息传播和沟通更高效，用户更容易搜寻、度量、比较不同产品，使得市场竞争更激烈，出现马太效应，用户容易往头部产品集中，加剧了互联网产品用户量大的现象。

现在，全中国可能有几百个产品经理负责过千万级用户的产品。当用户量一大，产品就会变得或多或少具有平台属性，这时候就要重点权衡、考虑产品生态了，这种情况在以前也是少有的。

1.2.2 互联网时代特性之二：快速迭代、数据和 AB 测试

快速迭代

消费品从生产者分发到消费者路径复杂，以前的计算机软件也至少要通过渠道销售一张光盘，它们要迭代一次新产品需要很长时间，

这个迭代时长的差异就是一个关键点。

历史上，消费品和软件领域的产品经理岗位是不可能接收应届生并让他们快速上手的，通常是工作多年、经验丰富的人来担任，更多时候是已熟悉业务的人担任。在软件时代，工程师兼任或转职产品经理就成为很自然的事了。

而在线信息产品是能快速迭代的：通过在线方式收集市场反馈的过程很快；更新代码和交互的新版产品生产起来也很快；分发更是远远快于消费品和光盘，有连接就能即时触达。

社会科学的重点是实证性，产品也是。产品获得市场验证是重点，现在的创业术语把这叫作 PMF（product marketing fit，产品市场匹配）。传统产品要找经验丰富的人去做产品经理，就是因为产品迭代成本高，不能轻易试错，提高新产品预判准确率的边际收益大。而快速迭代本身，已经能降低试错成本，也就已经能降低产品经理的入行门槛了，于是多年的行业经验或商业经验不再是必需的，懂技术也不再是必需的。

数据和 AB 测试

互联网时代信息的快速分发能力，让产品经理可以进行更快速的迭代，不断对产品进行完善。同时，又因为信息的可交互性，这些迭代又可以获取大量的反馈数据和信息，帮助产品经理进行正确的决策和判断。

在很多实体产品领域，发布一次硬件产品，完成需求、生产、销售完整路径，继而得到用户的反馈，通常需要几个月甚至几年的时间，这才能验证在需求阶段的设计和决策是否正确。例如做手机，通常一年更新一个版本，很多手机产品在初期的设计不是特别成熟，在几代产品之后，才能够迭代到一个相对成熟的程度。

而互联网产品完成一个迭代的完整路径可能只需要几天的时间，且可以收集到大规模的反馈数据。于是，在互联网时代，AB 测试这种经典科学工具，因为可以快速得到结果，且实验方法相对科学，成为最常用的产品工具。AB 测试可以用来测试某一个变量的两个不同版本的效果差异。一般是让 A 和 B 只有某一变量不同，其他部分尽量一致，再测试用户对 A 和 B 的反应差异，再判断 A 和 B 哪个更好。通过 AB 测试可以实现更大规模和更快速的迭代，让产品设计和决策都更加科学合理。

除了 AB 测试，现在互联网又出现了“千人千面”，即根据不同用户的需求和喜好，展示可能符合用户偏好的信息，向每个用户展示的信息可能都不相同，进一步提高迭代和信息分发的效率。淘宝的首页推荐的所有内容都已经实现了千人千面，淘宝会根据当前用户最近的搜索、浏览、点击、购买数据，结合该用户的其他标签信息，进行商品推荐，尽量让展示的商品符合该用户的购买诉求。而让“千人千面”的推荐算法生效的模型，也可以基于用户反馈数据进行快速验证和迭代。而另外一个零售业巨头沃尔玛，其线下的零售店无法像淘宝一样拿到如此多的用户数据或行为数据。早些年，沃尔玛的很多数据只能来源于线下的访谈、问卷调研或者是用户的账单，并在有限的空间内，通过优化商品选择、商品码放、做固定的促销等方式优化销售效率。由此可见，淘宝比沃尔玛的迭代速度快很多。

无论是 AB 测试还是“千人千面”，都是因为信息分发效率和数据可反馈性的提升，让互联网产品经理对产品本身可以进行快速的迭代，也需要产品经理具有快速迭代的能力。

而 AB 测试这种经典科学工具的普及，使产品工作在一定范围和程度上被科学化、标准化了。虽然产品工作不是都适用于 AB 测试，但我们知道，容易衡量的东西都会更高速地发展，直到被过度使用。

标准化能降低门槛，AB 测试也进一步降低了产品经理的入行门槛，不但降低了对产品经理所拥有的经验和技术的要求，甚至降低了对其理解用户能力的要求，只会熟练运用 AB 测试就可以在某些产品工作上做出合格绩效。门槛降低，以及大众常见的以绩效为判断标准，使得我们更难区分产品经理的好坏。

AB 测试还给了某些产品心弱的产品经理偷懒、少思考的理由，减少了他们在深度思考方面的锻炼和成长。但其实，快速迭代和 AB 测试都只是降低了互联网产品经理的门槛，互联网产品经理的上限却没降。

互联网产品经理的上限——其实非常幸运地——不但没降，还普遍高于传统的消费品时代和软件时代，原因就是用户量大。

那些有几百万以上用户的消费品或软件的产品经理（有实权的），一般也必须是优秀的、全面的、既懂用户需求又懂商业变现还可能懂效率生产的，但这种岗位机会太少，前置要求也太高。

而互联网产品的低门槛使进来的年轻人随随便便就有机会拿到几百万、几千万甚至几亿用户，通过这些有更大数量级用户的产品去打磨自己在用户、商业方面的全方位能力。而往上限走的能力要求，已经主要是理解用户、理解交易后的权衡取舍了，除了依然最为重要的实证性，经济学、心理学、管理学开始成为产品经理的主课。

1.2.3 互联网时代特性之三：体验设计价值增大

互联网时代产品经理的影响力这么大，是因为需求、体验碰撞到一起，形成了双击效应（double-killing effect）。

同时，互联网作为一种信息技术，使人与人之间的信息传递和交换非常高频、主动。用户的发言能力和信息获取能力都变强了，贴吧、博客、微博、微信培养了人们发声的习惯，再加上消费品从物质扩展为软件和服务，而且具有 7×24 小时在线、数据交互、大规模、充满竞争、用户发声容易、负面评价容易被传播的特点，用户的切换相对容易，用户的选择权大大增加。

怎么让用户选择某一个产品呢？极致的用户体验开始有了价值。而且当一项服务经常有上千万、上亿用户时，体验每改进一点，其价值就增加千万倍，但如果一个软件只有 1 万人使用，花同样的成本去提升用户体验，获得的收益就非常有限。又因为体验带来的口碑效应在互联网时代更容易传播，很多传统行业都逐渐意识到了体验的重要性，不管是开餐馆，还是开公司招人，声誉和体验变得越来越重要，好的体验带来的口碑，会直接影响别人的选择，追求极致的体验开始变得有了更大的商业价值。所以传统领域现在开始强调“互联网思维”和“产品思维”，其本质原因就在这里。而重视体验最好的方法，就是从产品经理的角度，以用户为中心，横向组织资源，按需求进行生产和销售。

体验的重要性的提升让很多人误以为产品经理最重要的工作是做好体验，但是实际上并不是这样，好的体验只是在一定程度上降低了用户的交易成本，并不是产品的全部。后文将会详细介绍互联网产品经理的主要职责和创造价值的方式。

时代变化除了对信息类产品、在线产品造成巨大影响之外，对普通的传统产品也有影响。因为互联网有交流方便、传播快的特点，产品本身的权重变大。因为信息能够快速复制、快速分发，传统产品的采购控制、供给控制、渠道控制、媒体控制都被削弱了。互联网信息的生产和传播很难被企业控制，产品质量和体验对市场的影响权重就上升了，虽然靠产品的体验进行口碑传播的效果更加明显，但企业也要尽力避免产品 bad case（失败案例）引发的舆论风波打击。

1.3 产品经理做什么

产品经理出现后，不同行业都逐步诞生了这一岗位，包括软件行业、出版行业、互联网行业等众多不同领域。

在不同行业中，这一岗位的具体工作职责和所思考的内容都有差异，这是因为行业侧重点和价值创造的方式不同。

1.3.1 产品经理的四大工作职能

产品是由人加工，有用户，且可以被交易的商品或服务。因此，产品要经过“需求”“生产”“销售”三个环节。产品经理要对产品的市场结果负责，需要对这三个环节分别进行关注，并“协调”公司不同分工下的不同职能，让大家共同完成目标。

本节将会介绍需求、生产、销售、协调的概念，以及产品经理在不同环节中对应的工作。为了让大家有具象的认识，在此也对常用的工作方法做一些简单的归类，相信大家在日常工作中都已经有过一些应用。

需求（定义产品）

需求来自用户，很难被凭空创造。作为产品经理，首先要思考的就是产品到底满足用户的什么需求。只有面向用户需求的产品，才能获得市场结果。

了解用户需求的具体方式包括但不限于用户调研和洞察、需求分析、试错型判断、新业务决策。决定生死的新业务决策通常是公司首席执行官级别的人做的，也是最关键的。一般的职业产品经理，做到试错型判断是最有价值的，因为在此过程中需要反复权衡，决定优先级，判断做哪个不做哪个，先做哪个后做哪个。

生　产

当明确需求之后，产品经理需要进行合理的产品设计，并有效率地把产品生产出来。生产的产品可能是实体产品、软件产品，又或是一项服务。

从产品经理的视角来看，写文档、画原型、交互提升、策略优化、功能演进、复杂业务形态和组织关系下的方案梳理都只是日常的工作内容。这些都是提高设计和生产效率的一些手段，不同行业中有不同的方法：生产洗发水产品可能需要的是设计配方等化学方法；App 时代可能只要会画原型就可以了，把交互做到极致就是很厉害的产品经理；再往后是策略优化、功能演进，然后是负责业务形态和组织关系下的方案梳理。

销　售

销售本质上是要和用户完成交易，产品经理需要考虑如何把产品卖给用户，达成市场结果。不光是软件、传统产品需要销售，在线服务也是要销售的。只不过互联网产品通常通过市场运作、活动、运营、增长这些方式，让用户用上产品，来实现销售。只要让用户用上，就是完成了销售动作，不是一定要用户付钱，不是一定要传递某个物品。从供应到渠道的设计和维护，其实销售和生产有重叠的地方，没法明确划分。

在销售过程中，具体的工作可能会包括市场宣传、运营活动、做增长、售后服务等。虽然在不同公司的专业化分工中，这些方向会有专人负责，但是不排除这些也可能是某些产品经理的工作范畴。例如，互联网行业中，可能是负责品牌、市场、运营的人完成销售或产品推广的工作，但是很多公司又会有“增长产品经理”，在销售和产品推广这个方向上有所侧重。

协　调

协调也是产品经理的日常工作之一，在公司内部不同职能分工日益明显的趋势下，产品经理通过协调不同职能的人员甚至部门，使其通力协作，获取最后的结果。工作内容从简单的沟通推进，到复杂的跨部门组织协调和推动都有可能。

当然，在一些公司中，可能会有专职的项目经理负责协调，但好多公司不设项目经理，或者权力没那么大。通常需要产品经理做复杂的跨部门组织协调和推动工作，完成一个完整的业务。其实不管是新业务的协同、组织、完整实现，还是一个业务做大以后的完整经营，都是极复杂的事情。

产品经理虽然要创造价值，对结果负责，但对于不同形态、不同阶段的产品，最能创造价值的点不一样。产品经理需要搞清楚，在当前阶段，侧重哪一个部分更能够创造价值，并在对应部分进行重点投入，以创造最大价值。

在互联网时代，产品经理的“销售”和“协调”工作做得平庸一点，不是严重问题。而对“需求”理解的好坏，往往能够决定一个产品的生死，这才导致产品经理这个职业地位上升，受到关注。

过去五年，最大的新要素是移动互联网；再往前十几年，最大的新要素是 PC 互联网，历史上的电、石油、蒸汽机也是当时的重大新要素。每一个影响时代的新要素出现后，跟我们的生活和生产方式结合，就能创造无数的新产品，我们可以根据需求去判断可以做什么。但每个时代，亿级和千万级用户规模的产品需求都是有限的，而且产品最后要从激烈竞争中胜出，才能改变时代。只有能决定正确方向的需求产品经理，才有价值，才决定了后续成败。如果需求产品经理表现平庸，之后不论融资多少，工程师、运营、营销人员多优秀，可能都无法弥补错误决定带来的损失。

当然，不同企业、不同阶段、不同团队认知，都会导致产品经理分工不同。有的企业分工互相重叠交叉，对其优劣对错，不能简单评价。因为一种制度一旦开始演化，它就有自我强化和收益递增的特点。所以一个公司，无论是产品驱动，还是技术驱动，或是销售驱动，或是短期利益导向，抑或是追求极致体验，都没关系，产品经理都可以在这个给定的基础条件下去追求优化。甚至一个公司内不同团队都可能会有差异，这取决于一个团队的认知。尤其像阿里巴巴这种规模巨大的公司，收购了很多业务，它内部的不同团队，比如优酷、UC 浏览器、盒马鲜生，对产品经理的认知不可能完全一样。

1.3.2 产品工作属于强实践性的社会科学

从某个角度，我们可以把人类知识体系大致分为四类。

（1）自然科学：研究对象是自然界存在的物质，可证伪，可重复验证，所发现规律一般有普遍适用性，如物理、化学、天文、地球科学等。

（2）形式科学：研究对象在真实自然界不存在，是人类建构的抽象规则，不涉及经验，不可能证伪，永远正确，如数学、逻辑、概率、编程语言等。

（3）人文科学：研究对象是人内心的主观世界和精神活动，无法区分对错，无法证实，不适用于证伪，如宗教、哲学、诗歌、文学、美术、音乐、影视等。

（4）社会科学：研究对象是人作为社会中的存在，或人与人组成的社会，如社会学、政治学、经济学、社会心理学等。社会科学与自然科学的最大区别是研究对象不可重复（人类意识复杂多样，决定人类行为的动机和预期有互相博弈性和不确定性，社会永恒变化，正所谓人不能两次踏进同一条河流），虽然能应用自然科学的研究方法（观察、分析、控制实验等），但必须以大量的经验和数据为依据，且控制实验事实上无法真正重复验证，社会科学的研究结论就总是有不确定性，无法做到自然科学的高确定性（对于自然科学，假如观察到的现象与规律所预言的不同，要么是因为观察中有错误，要么是因为至此为止被认为是正确的规律是错误的）。

如果按以上分类，产品工作更接近于社会科学，至少在面临的环境和研究方法上比较接近。产品是企业与用户的价值交换媒介，用户选择产品的行为是有很强的社会性的，既受当下情境影响，也受偏好、认知、制度、经济能力等约束条件的影响。同样，企业做产品决策，也要基于社会环境的大背景。

对于自然科学和形式科学的研究，进行交流和分享会有较高效率，因为研究标的物的属性稳定一致，结论可以跨时间、跨空间重复验证，可以共创，成果可被传承、被引用；但产品的研究标的物不可能重复，结论的规律性和复用性受情境约束，需要总是结合具体案例分析相关联的关键变量和约束条件。

所有研究人类社会的学科都不是严格意义上的科学，因为它不能真正重复验证，也就无法从真正意义上证伪，而可证伪是科学的最根本特征。在产品工作中，我们依然要研究总结很多经验和规律，便于预测用户行为、市场变化，也便于指导未来的决策，这样能提高企业效率。但我们要明白，人有异质性，社会有情境性，这些与产品相关的经验和规律只是具有统计意义上的显著性，只可归纳，不可演绎，即不能保证能准确预测具体的个人行为和新情境下的市场变化。我们只能基于实践去发现和证实产品的价值，只能基于实践中的反馈，基于产品与用户和市场的交互（互相影响和互相适应）去理解持续变化的新情境中的关键变量、约束条件和规律。

产品经理如果要学习成熟学科的话，最主要的是学习经济学和心理学。经济学就是讲在约束条件下追求利益最大化。一般来说，不仅企业是这样，用户也是这样，每个用户都是在自利地追求价值最大化。从产品经理的角度看，学心理学有助于理解微观的个体行为，学经济学有助于理解宏观的群体行为和结果。

经济学领域太庞大，产品经理只要学会用四个概念分析产品和用户就算及格了：效用、成本、边际、供需定律。效用，是指满足了用户的什么需求和满足程度，人们默认追求总效用最大化。关于成本，要明白什么是直接成本、交易成本和机会成本。关于边际，要明白基本的边际递减、边际成本、边际效用、边际交易。供需定律是指其他条件不变时，价格下降则需求量上升。这些概念，将在后面的章节专门论述。

1.3.3 用户模型——产品经理要研究用户行为及其背后的原理

用户模型是指产品用户和潜在用户的偏好和行为反应模型。我们通常把“掌握一个领域的用户模型”视为产品经理的合格线，掌握的标志是：预判产品迭代后的用户行为变化，准确率较高。要以异质性、情境性、可塑性、自利性、有限理性的用户行为为基本单位来研究产品的用户模型，并通过大量真实个体行为样本来进行分析和洞察。

企业想要长久发展，所生产、销售的产品需要满足用户的需求。而要生产出满足用户需求的产品，首先要研究和理解用户。作为企业中管理产品的人，产品经理最重要的日常工作之一就是研究用户，以使企业面向用户需求生产产品，获得长久收益。那产品经理要研究什么样的用户？

产品经理要基于现实世界，研究宏观背景和微观场景下的用户行为及其背后的原理。

现实世界

现实世界是由物质、生命、意识组成的，产品经理研究的更多集中在意识层面。

对物质世界的研究是指研究自然界中物质的基本性质及其运动规律。相对于生命和意识来说，人类对物质世界的理解和认知是最为深入的，已经有很多研究成果，比如元素周期表、牛顿力学公式等等。

20 世纪以来，人类对生命的认知也有了巨大的进步。从对器官的研究，到对疾病的研究，再到对基因的研究，人类已经可以对基因进行改造，甚至可以创造生命。

而人类对意识的研究相对还比较浅显。全球 70 亿个人类个体都有各自独立的意识，每个人所想的事情都不一样。不同个体又组成社会，这当中，每个意识又会相互影响，形成了无数群体的复杂组合。同时，因为外界刺激不断，意识也在不断变化，这也使得意识的研究更加复杂。

对于产品经理来说，需要研究的是现实世界中的意识层面，意识背后是用户。意识是无法直接测定的，研究意识的方法主要是基于研究用户的行为。行为的产生是意识和外界刺激共同作用的结果，早期的经济学通常假设人是理性的，在意识层面是一致的，研究在不同外界刺激下的用户行为。而产品经理不但要研究行为，更多的是要研究行为背后的意识，从而预判不同的产品对用户未来行为产生的影响。并在不断变化的现实世界中，获得一个约束条件下的最优解。

宏观背景

用户的主观认知和偏好是先天基因和后天社会（家庭、社会、教育）共同决定的。对于企业和产品经理来说，宏观背景是指独立于产品之外的外部客观因素。不同时期、不同地域、不同国家的宏观背景可能都不相同，而不同宏观背景下的用户又会有所不同。比如不同国家的传统文化都有比较大的差异，对用户的研究和理解就需要考虑这种差异。

例如，在巴西等国家，大家非常喜欢和朋友一起聚会，且喜欢对所有支出实行 AA 制。大家经常在聚会结束后一起打一辆车回家，打车出行场景中占很高比例的是聚会。而中国与之相比，还是有明显差异的，虽然国内也有一定的聚会场景和 AA 支付需求，但是其比例远低于巴西。面对于这种独特的文化背景，设计打车软件产品时就需要考虑提供路线途经点、一笔订单的 AA 支付功能等，以满足这种差异性的需求。

微观场景

微观场景是直接影响用户当前意识的环境。用户处于不同的微观场景中，意识和行为都会有所不同。例如，某用户早起上班选择不同的出行工具：假如用户所处的微观场景是当前还有较为充裕的时间，则他对时间确定性的要求可能不是最高的，价格、舒适程度等都会成为影响用户行为的不同要素；如果用户所处的微观场景是上班时间非常紧张且迟到的后果比较严重，则他在选择出行工具时，对时间确定性的要求就会非常高。

在这个例子中，虽然是同一个用户，但是在不同微观场景下，其意识和行为都会不同，因此对用户的研究要代入微观场景去思考。

1.3.4 交易模型——交易是最需要关注的

交易模型研究是指以交易为基本单位来研究产品，目标是建立可持续交易的互惠模型。

我们把“掌握一个领域的用户模型”视为产品经理的合格线，而把交易模型设计视为产品经理的进阶之路。这要求产品经理除了掌握用户模型，还能理解一个领域各利益方的价值判断和行为习惯，以及产品实现过程中的各种干扰因素，这样才能自如地设计和优化交易模型。这里是把所有产品看作交易，搜索、社交、阅读等信息类产品只是货币价格为零的特殊交易。研究交易模型，除了理解产业链上各方的价值判断和复杂关系，主要研究的就是交易费用。

什么是产品？企业以产品为媒介跟用户进行价值交换。产品的关键不是其表面的材料、功能、属性，而是其深层的价值，因为产品就是价值交换的媒介。为什么企业总是说创造用户价值，而不是创造产品呢？因为用户关心的是得到什么和付出什么，包括这个产品给他什么效用组合，需要他付出多少金钱或时间等。用户同样也会比较机会成本，看这个产品是比其他产品更好用还是更让他离不开，从用户角度来看，这就是一个交易过程。所以，做产品要强调创造用户价值，因为企业与用户交换的从来不是产品，而是价值。

产品每增加一个属性，调整一个功能，都是在调整效用组合，给用户提供不同效用，有增加，也有减少。在增加和减少效用的同时也进行了用户选择，选择了哪一类用户，哪一类情境优先，哪一类其次。因为不是所有的效用都能无限叠加，且用户体验是有成本的，有的效用叠加成本很高，一旦增加，企业可能就要亏本，甚至活不下去。企业追求的是效率，简单来说，就是考虑投入和产出。这些，就属于交易模型的范畴。

互联网时代，交易的含义更加广泛，本质上用户和产品发生的每次交互过程，都发生了一次交易。用户可能没有付出金钱成本，但是可能付出了时间成本、认知和思考成本等。每个交互和体验细节设计，本质上都是在降低用户的交易成本，同时也在增加用户在交易过程中获得的收益，这个收益可能是多方面的，例如愉悦感等。

我们认为，一个好产品要有三个属性：（对用户）有效用，（企业）有收益，可持续。只有可持续，才能让企业长期赚钱；只有可持续，才能长期为用户创造更多价值。而可持续就涉及交易模型设计问题。只有产业链上各方在创造价值和利益分配方面公平合理，有竞争性，产品才可持续。

2.

企业、用户、产品

产品经理供职的公司、每天费尽心力做的产品，以及每天无数次提到的用户之间是什么关系？本章将从“价值交换”的角度，阐述企业、产品、用户和它们与产品经理之间的关系。

2.1 企业、用户与产品的关系

很多刚入行的产品经理都有一个困惑，“用户价值”（这个词在很多日常讨论中会被替换成“用户体验”）和“商业价值”是否一定是天平两端不可兼得的两个要素？随着经验的增加和视野的拓展，接触更多兼备“商业属性”和“用户属性”的产品，你会发现两者并不是绝对对立的，而是为了实现同一个目标需要权衡的两个要素。我们认为用户价值和企业商业价值的关系是：企业以产品为媒介，与用户进行价值交换，达成创造商业价值的目的。而本质上，交换的不是产品这个媒介，而是产品背后的各种用户价值。在这个过程中，产品是用户价值交换的媒介。（见图 2–1）

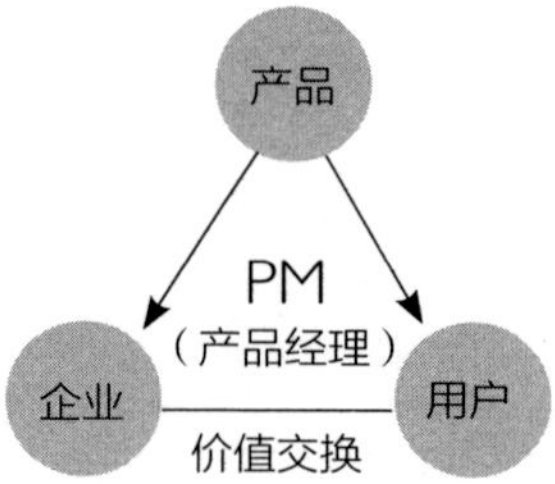

图 2–1 企业、用户、产品的关系

这些概念初听起来可能较为晦涩，为了便于大家理解，这里举一个例子来说明：QQ 音乐。

对于音乐，用户的需求是什么？如果不加约束的话，用户的需求是“无限的欲望”。具体展开，它可能是免费的音乐，高音质的音乐，没有任何广告打扰，在一个 App 里有全球所有音乐人的音乐，且可以随时在手机上听。

对于企业来说，从经营的角度（长期来看，企业能获得利润），是不可能满足这些用户的所有需求的，即便能满足，也一定会亏本。想象一下腾讯付费购买了音乐版权，雇用员工付出成本研发手机音乐软件并租用服务器维护，然后完全免费提供给所有用户，这是一个铁定“亏本”的生意。（当然你可以质疑说，如果腾讯这么做，可以获得很多用户，长期来看可能可以通过获得的用户在其他产品上赢利。但当你这么质疑的时候，就需要清楚地指出“其他产品”是什么，你一定会发现，加入了这个要素后，整体来看，企业满足的一定不再是用户不加约束的所有的欲望。）企业能做的，是在给定条件下，选择满足哪些用户需求，创造哪些用户价值，以更多地促成交换，让企业有最高的边际收益和ROI（投资回报率）。一句话总结就是，创造“有利可图”的用户价值。在这个例子里，腾讯能做的是，选择自己的用户群最喜欢的音乐人，尽可能多地购买这些音乐人的音乐版权。对于付费会员，向他们提供“无广告”的聆听环境，提供无损音质的音乐；基于ROI的考虑，对于免费用户，则提供带广告的、普通音质的音乐。这个过程中，腾讯和用户交换的显然不是“QQ音乐”这个App，也不仅是QQ音乐中的音乐内容，而是背后有限的、被企业选择过的“用户价值”，而产品（QQ音乐）则是最关键的媒介。

综上所述，企业通过“产品”这个关键媒介，以创造“用户价值”的方式，有选择地和用户进行价值交换。理解用户、企业、产品这三者的关系，对产品经理至关重要。

2.2 如何理解用户

理解用户对于产品经理来说至关重要，本节将从用户的定义出发，阐述产品经理研究用户的重要性，以及如何通过研究用户行为背后的原理去进一步理解用户。

2.2.1 用户的定义

用户不是自然人，而是需求的集合

对于用户，大家有不同的理解，通常的理解是用户即自然人。以微信为例，一般的统计报告可能显示其“用户”为 11 亿，如果把微信的其他功能（支付、公众号、小程序、朋友圈、群等）都删掉，只留通信功能，它的用户数可能还是 11 亿，但它的商业估值可能就从 2000 亿美元变成了 200 亿美元。这种将用户定义为自然人的做法，显然在互联网产品上并不适用。

从产品经理的视角来看，用户不是自然人，而是需求的集合。

如何理解用户是需求的集合？由于不同产品满足用户不同场景下的需求，当某个产品完全满足了某个用户在某个场景下的某类需求，那么就可以说此用户是该产品的一个用户。举个例子，如果某个用户一个月有 100 次使用专车的需求，100 次全用了滴滴专车，那么我们可以说此用户是滴滴专车的一位用户；如果 100 次专车需求中，只有 50 次使用了滴滴专车，那么这个用户就只有一半是属于滴滴的，滴滴其实只获得了半个用户。

从需求的集合来看，一个自然人可以分别是成百上千种产品的成百上千个用户，也可以是同一个公司的不同产品的多个用户。比如微信，假如通信功能的用户是 11 亿，微信支付的用户是 3 亿，公众号的用户是 5 亿，按需求来算，微信的用户就不是一般统计意义上的

11 亿了，而是超过 11 亿；再比如某公司说自己有 10 个用户（注册用户）过亿的 App，但注册用户不算真正的用户，有某类需求时他们是不是使用这些 App 来满足这类需求才是关键，所以从这个角度来看，这里说的 10 个注册用户过亿 App，并不等于 10 个用户过亿的 App。

如果一定要说产品经理是研究人的，那也是从四个维度去研究：生物的人、社会的人、认知的人、情境的人。

用户的五个属性

用户有异质性、情境性、可塑性、自利性、有限理性这五个属性。

异质性是指用户的特点千差万别，几乎很难找到两个完全一样的用户。因为用户的偏好、认知、所拥有的资源是不一样的，所以不能把用户统一成一个单一的用户画像。

情境性是指用户的行为受情境的影响，没有情境就没有用户，同一个用户在不同的情境下会有不同的反应和行为。就像前文讲到的，用户都处于微观场景中。比如在打车这个大情境下，面对不同的情况，比如早高峰和晚高峰，一个人和两个人，有钱和没钱，晴天和下雪天，用户的选择完全不一样。

可塑性是指用户是可变的，其偏好和认知会随着外界不同的信息刺激发生变化和演化，具备可塑性。比如传销者的洗脑能力就很强，比如二战时日本军国主义者和德国纳粹把它们的大量国民洗脑成罪恶支持者，比如消费品营销领域和增长黑客领域都有很多技巧利用人性弱点去改变用户行为。

自利性是指用户追求个人总效用最大化。

有限理性是指用户虽然追求理性，但他的能力是有限的，其判断经常出错，也经常被骗，所以只能做到有限的程度。这个概念是由图灵奖、诺贝尔经济学奖、美国心理学会终身成就奖获得者赫伯特·西蒙提出的。

人脑思考的系统 1 和系统 2

在 2000 年左右，著名心理学家斯坦诺维奇首先提出了“双系统理论”，这启发了认知心理学家卡尼曼，后者因为决策理论的研究获得了 2002 年诺贝尔经济学奖。

卡尼曼在《思考，快与慢》一书中表示，他认为人的大脑活动存在两种模式，他称之为系统 1 和系统 2。系统 1 是快思考，代表人类的本能和习惯，可以快速且自动启动，耗费资源很少，经常为习惯、经验、刻板印象等认知偏见所支配。系统 2 是慢思考，代表人类的逻辑和理性，其启动是被动、缓慢、耗费资源的，存在意识控制。

人的大脑进化不是为了求知，而是为了生存和传承。人脑遵循能量最小消耗原则，能不动脑就不动脑，默认使用系统 1 思考。所以人们在日常生活中的大部分决策是由系统 1 做出的。

在原始社会，在人类的几百万年进化史中，基于当时的环境，系统 1 非常有效，所以才能传承下来。它使得幸存下来的人类对食物、性、危险都很敏感。道理很容易理解：对食物不敏感的人，在无数代传承中，总有机会被饿死，没能幸存下来；对性不敏感的人，在无数代传承中，总会没能留下后代；对危险不敏感的人，在无数代传承中，总有机会死于危险，也没能幸存下来。（另外，现代人在社会中长大，除了基因本能，还受到社会适应和无数或好或坏的模因的影响，于是又会养成许多或好或坏的观念或习惯，典型的如对钱财敏感的习惯，所以，当生活中或广告中出现与美食、性、危险、钱财相关的内容时，人们会本能地注意到，因为这是系统 1 自发启动让人注意，人还没经过逻辑判断就已注意到了。）

但是，在今天的人类社会，人们再也不用每天都担心被饿死了，也不用每天担心被猛兽吃掉或死于自然环境风险了，关于性和钱财，则既有充分机会获得又有普遍规则约束。所以，系统 1 很不适合处理今天人类面临的重大问题，我们在做重要决策时，必须抵抗系统 1 自发的快速决策，有意识地启用系统 2 做理性思考，这样才能少犯错。

当然，对于不重要的日常琐事，以及处理经验丰富的例行事务，默认用系统 1 是合理的。系统 1 的优点是节省决策时间，弥补了决策质量上的损失。

2.2.2 如何理解用户的行为

产品经理的核心工作是研究用户，使企业面向用户需求研发产品。如果不面向需求研发产品，产品就会因为不符合市场需求而卖不出去，从而导致资源的浪费。

产品经理对用户的研究，核心是研究用户的行为，那么在理解用户的定义后，又如何理解用户的行为呢？其背后的原理是什么？

首先，在行为发生前，用户通常会接受一个情境的刺激，这个情境的刺激会调用偏好和认知函数，产生一个主观期望效用，促使用户产生相应的行为，即追逐这个预期的效用。而行为会产生某个结果，这个结果又会成为经验，影响偏好和认知函数，从而可能对用户的下一次行为产生影响。

举个例子，望梅止渴。梅子酸，人在口渴的情况下谈论到梅子，会口生唾液，从而产生止渴的作用。这里，用户的认知和偏好函数里包含了对梅子的认知，也就是他们知道梅子是酸的，“口渴 + 谈论梅子”是一个情境，那么用户在这个情境刺激下，会产生一个期望效用——吃梅子，可能认为吃梅子可以解渴，从而产生行为驱动，比如想办法向前行军，去找梅子。

但是，如果用户对梅子没有认知，从来没吃过，没见过，也没听说过，那么即便有“口渴 + 谈论梅子”的情境刺激，用户也不会产生吃梅子的期望效用。

再假如，如果他们接下来吃到的梅子是涩的或者苦的，那么这个结果就会形成新的经验，使用户对梅子的认知产生变化，进而形成新的偏好，那么下次受到类似情境的刺激时，用户可能会修正自己的期望效用，从而可能产生不一样的行为。（也可能需要多次经验的累积才能修正认知和偏好函数。）

情境的刺激会激发感知、解读、选择集合、模拟推演、价值判断五步流程，结合以上的说明，用户行为背后的机制如图 2–2 所示。

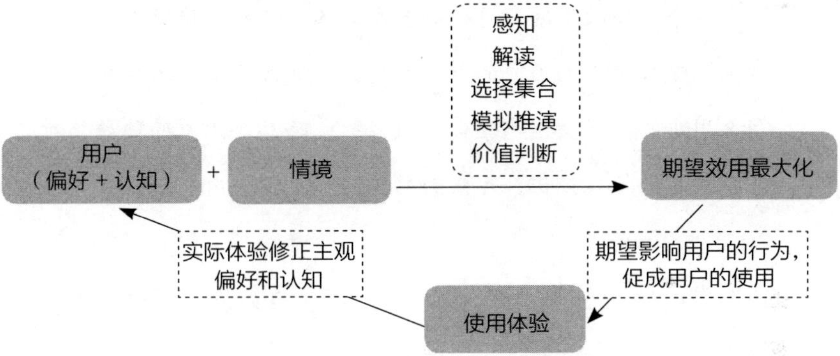

图 2–2　用户行为背后的机制分析

关于上图，说明如下：

（1）在产品研究的范围内，我们可以认为用户约等于“偏好和认知的函数”。偏好是主观的，是用户对事物（是什么）和事物的效用（对我有没有用，有多少用）的综合认知结果。偏好同时受先天遗传因素和后天社会经验的影响。

（2）但是偏好不会让用户行为体现一致性，不同情境可能使得相同偏好表现出不同行为。即同样的用户，面对同样的选项，在不同情境下的选择结果可能是不同的。

（3）在不同情境下的用户偏好会塑造用户的期望效用，塑造的过程大概会经过感知、解读、选择集合、模拟推演、价值判断五个阶段。在一次“期望效用”的塑造中，有些过程可能会被跳过（直接由大脑系统1的本能、习惯、直觉做出决策），这个期望效用的塑造过程会受到各种认知偏误的影响。

（4）期望效用影响用户的行为和选择，促成了用户的行为。

（5）用户的实际使用体验会形成经验，反馈给用户的偏好，对其进行修正或强化，形成新的偏好。

我们做产品，最终目的是促成用户的一种行为（交易、使用）。所以要研究行为背后的原理，以便有的放矢。

理解用户的行为后，我们知道影响用户行为的有偏好、认知、情境（包含五步）。那么如何促成用户的行为呢？最有效的方法是选择合适的用户，如果选择了偏好和认知很合适的人群，那么不用进行很特殊的情境设计就能促成这些用户的行为。但如果候选人群的偏好和认知不是很合适，就要针对情境五步做很多设计，使用户的期望效用最大化的方式是完成某行为。

因为用户不一样，所以我们说的理解用户，是要从具体的个人去积累一个一个案例。所谓样本，就是在具体情境下的每一次使用、每一次反馈或者每一次投诉等。当案例积累足够多，就可根据一些数据，逐步形成用户分布模型，然后基于这个模型去设计产品，比如调整策略、改变沟通方式，在这个改变迭代的过程中验证自己的假设，不断地修正用户模型。

2.2.3 如何理解用户价值

用户为了获取价值（效用）而使用某个产品。在理解用户的定义后，本节从价值和效用的概念出发，提出用户价值的定义，并通过一些案例阐述用户价值的特性。

对用户来说，价值由主观效用决定。

价值最早的定义出现于经济学萌芽期，指无差别的人类劳动。价值是劳动决定的，这本质上是成本价值论或客观价值论。经过从19世纪70年代持续到20世纪初的边际革命，人们认识到边际效用的概念，认为价值是由效用决定的，国际学术界和社会开始普遍接受价值的主观性，放弃了价值的客观性。

既然价值是由效用决定的，那么什么是效用？效用是欲望的满足程度，人通过消费物品和劳务满足欲望。

美国第一个诺贝尔经济学奖获得者萨缪尔森有个著名的幸福公式：幸福＝效用 ÷ 欲望。可见幸福与效用及欲望相关。人主观感知的效用越大（欲望满足程度越高），幸福度越高；效用不变，降低自己的欲望，也能提升幸福感，比如有些宗教教义或心灵鸡汤就是通过降低个人欲望的方式让人提升幸福感。

欲望具有无限性和约束性。无限性是指人的所有行为，都是在约束条件下追求价值最大化，即欲望满足最大化，包括欲望种类的无限性和欲望满足程度的无限性。欲望的另一特点是约束性。物品和劳务供给有限，是约束条件；人的收入有限，是约束条件；时间、身体、心理、环境，各有各的约束。约束条件改变，人的行为改变；约束条件组合多变，欲望组合千人千面。

效用最大的特点是主观性，价值也是一种主观判断，是由主体对这件事情的效用判断决定的，且随内部与外部环境变化而变化。比如说你喜欢苹果，我喜欢橘子，那么橘子对我的效用比苹果对我的效用大，价值相应也大；又比如说我喜欢橘子，但 1 小时内吃完 10 个橘子后，由于边际效用递减，第 11 个橘子就远不如第 1 个橘子对我的效用大；而连续吃 100 天橘子后，吃 1 个苹果对我的效用也许就超过了吃 1 个橘子对我的效用。

再举个例子，假设某个产品在不改变价格的情况下，请某明星去代言，那么对这位明星的粉丝来说，由于爱屋及乌的光晕效应，该产品的主观效用变大了，即该产品对这些粉丝来说创造的用户价值也变大了。

有一次和朋友一起去北京后海某个餐厅吃饭，其实这个餐厅的菜和外面的餐厅差别不大，但一进门，餐厅服务员就说这里原来是某个名人的故居，后来又花了很多钱装修，然后为了彰显特色，专门请了演员在大厅表演京剧，餐盘的摆设也很别致。实际上，所有这些都是为了改变用户的主观价值评价。也因此，虽然这里的菜和外面的普通餐厅差别不大，但是价格贵了很多，却由于有了这些主观附加价值，让人也能接受。如果没有前述主观附加价值，这个价格可能就会让人觉得进了黑店，餐厅就很难积累口碑和回头客。

所以，产品的用户价值也是主观属性，是由买方（或使用者）的主观效用评价来定义的。用户以这个主观评价为参照物，来预判损益和决定是否交易（是否执行一项行为）。人类的主观意识千差万别，还受情境变量的深度影响，所以，分析用户的粒度必须基于特定情境中的个体，且必须有足够的样本量，用户是一种基于无数样本的分布模型。产品的功能和属性本身都只是交换媒介，用户从产品获得和感知的，只是一组效用，且对这些效用的评估有个体差异和情境差异。无论客观上的产品有怎样的物理属性、设计属性、经营属性，用户感知到什么它就是什么，用户的主观认知是什么它就是什么，所以从这个角度来看，用户感知到的价值才是用户价值。

用户价值（即主观效用）具备认知依存、情境依存、经验反馈演化三个特性。

认知依存是指用户的认知决定了他的偏好，比如喜欢喝酒还是喝咖啡，喜欢减肥还是吃垃圾食品，喜欢小孩在中国上大学还是出国留学，喜欢把钱都花光还是存起来。

情境依存的意思是，有情境才有用户，脱离情境就没有用户。人的意识和行为不是数学这样的形式科学，数学可以抽象到脱离任何情境，而用户的行为是情境依存的，偏好不变的人在不同情境下的行为不同。比如说你特别爱吃，喜欢吃得饱饱的，但是当你在沙漠里，只有一个馒头，还要走三天才能出去时，你也会省着吃。这时候你的偏好并没有变化，但是有了新的约束条件，这就是情境依存。

用户价值也具有经验反馈演化的特性，是变化的。用户总是变化的，所以产品也要跟着变化。人、制度、技术是永恒演化的，演化的结果就是相对价格的变化。

人做决策的约束条件是价值最大化，怎么让价值最大化？当然和要素的相对价格有关，某种要素的相对价格降低，你就会多使用（多买），比如说市场上算法工程师的薪资（价格）突然降低一半，公司自然会多招聘算法工程师来解决问题和提高产出，减少其他岗位的比例。

再比如出行服务领域，中国的汽车比较贵，美国的汽车便宜，所以美国的出行行业可以都用更好的车，但是美国的司机比较贵，中国的司机相对比较便宜，所以两国供给重心不同。这就是相对价格的变化决定了不同的资源配置，进而实现价值最大化，对个人和企业而言都一样。尤其是企业，面对相对价格的变化一定要及时做出资源配置的调整，也许是某种新媒体、新渠道的出现，抓住了就能获得新市场，或者是一个新政策的出台，会引起某个供需成本的变化。

这个世界是永远在变的，尤其是技术。为什么技术能创造价值，尤其是一个新的技术的出现，可能会让世界产生翻天覆地的变化？就是因为它影响了很多要素的相对价格，改变了人（群体）的最优选择可能性，从而产生连锁反应。比如上网，如果网费降低，甚至包月免费，那么看视频、打游戏的人就会变多，这本质上也是相对价格的变化。

再比如海底捞认为翻台率高利润就大，所以他们通过优质服务让用户愿意排队。如果按我们的思维，既然排队，为什么不涨价？只要涨价，用户就不用排 2 小时的队，也许排 10 分钟就行，但这样就可能有空台。海底捞宁愿以低价让用户保持排队状态，因为这样翻台率是最高的，多出来的利润可以给员工更高的工资，使员工提供更好的服务。海底捞十几年前就开了，那时候没有移动互联网，大家排队就是排队，能做的事情是有限的。现在好了，大家都带着手机，排队的时候可以用手机，几乎没什么损失，排队的机会成本发生了变化，排队的相对价格降低了，从而影响了用户的行为。所以，用户的行为受情境、受无数变化的影响，用户做出价值最大化的选择，本质上是受要素的相对价格变化影响的。

具体到产品里面，我们也可以用一个公式来衡量用户价值：

用户价值 = 新体验 – 旧体验 – 替换成本

这个公式在这里不赘述，从这个维度，提升用户价值有三种方式：让新体验最大化，让旧体验最小化，降低替换成本，三者互相影响。要让用户价值最大化，必须综合权衡三者，总是在当前约束条件下进行资源最优配置。

2.3 如何理解产品

什么是产品？前文提到，产品是一种价值交换的媒介，企业用产品与用户交换价值。

产品是一些人加工过的与用户可交易的物品或服务。公司外部和内部的每一个环节都是在提供一种产品。产品本质上是一种解决方案，所以每个团队本质上都是在提供产品。

卖产品是卖一种在约束条件下的效用组合。分析产品的重点是弄明白这个产品利从何来、利往何去，它创造了什么价值，价值是怎么分配的。从价值的维度分析，才能推演它的趋势，才能理解用户的需求，而不是只从表面上看它有没有某种功能，是不是又改版了。如果它增加一个功能，那为什么要增加，这种做法也可能是错的，这些永远要自己去判断。

以创造用户价值为目的，打破一个旧的利益平衡，建立一个对己方有利的新产业链，这样的产品才容易成功。这种情况是要做一个规模较大的产品，也有很多领域是可以很多产品并存的。但互联网时代和软件时代、消费品时代完全不一样，平台型的大规模产品非常常见。

一个好产品应该有三个属性：有效用，有利润，可持续。有效用当然是指对用户有使用价值，有利润是指产品必须让企业获利（可以是间接的），然后在“可持续”这个属性上达到用户利益和商业利益的统一。可持续其实是靠实践验证的，即追求长期利益最大化。

用户价值和商业价值怎么区分？从纯信息产品到线下产品，不同产品需要付钱的人是不一样的，要从交易的角度去理解，然后逐渐认识到交易模型的概念。交易模型不仅仅适用于那些需要付钱交易的产品，因为你可以把时间也当作用户支付，用户支付的也不止钱和时间，还有其他身体和心理成本，还有个人数据、投票支持、未来承诺等，如果把这些都作为支付的话，用户的一次行为就是一次交易。

2.4 如何理解企业

产品经理的用户，首先是企业。产品经理与企业交换价值，所以需要先理解企业。

总体上，企业的本质，只在于两点：第一，发现市场获利机会；第二，生产效率高于市场。

2.4.1　发现市场获利机会

发现市场获利机会的途径有三种。

洞察：这其实是利用信息不对称获利。你知道怎么能买到便宜生产要素（如某类人才），你知道哪些用户更想要什么，你精通一种有用的新技术、新方法、新渠道，你知道什么约束条件将会变化。你知道而别人不知道，这样就很可能有市场获利机会。

试错：因为信息不完备原理，哪怕你有自信度为 100% 的洞察，你也可能得不到完备信息，你可能判断失误，结果可能失败，从这个角度，所有自以为经过审慎考察做出的行为，客观上说都是在试错。更何况你对有些洞察也不完全自信，在这种情况下是用试错去确定市场获利机会。（边界是需要靠对和错双向界定的，如果每个扩大边界的行为都成功，那你还是不知道产品的边界在哪里，所以试错和失败必然是产品开发过程的一部分。）

偶然性：因为信息有不确定性，很多事情的未来结果取决于无数个体和群体的未来决策，取决于超越个人已知规律的未来变化，这些信息对于现在的你，对于哪怕掌握过往所有信息的你，依然是不确定的。总之，我们要尊重和敬畏这个世界的不确定性，产品结果必然有偶然性，人们不认可的或不了解的产品可能就会成长壮大。

关于偶然性，可以看一看 BAT（百度、阿里巴巴、腾讯）的例子。

马化腾当年为什么想以50万元的价格卖掉QQ？因为他不看好QQ的前景。为什么没卖掉？因为别人也不看好。

阿里巴巴创业开头几年做的1688业务的现有价值不知道还有没有阿里巴巴总价值的1%。

百度创业后做的前三个业务——搜索技术供应商、企业搜索数据库、CDN（内容分发网络），早就烟消云散了。

信息的不对称、不完备、不确定充斥着这个世界，洞察、试错、偶然性也纠缠在一起，洞察不大可能孤立出现，在试错中积累的知识越多，就越会有获得洞察的可能性，因为一人一事的偶然性触发后续连锁反应的情况也总是存在。

所以，产品经理这个职业能为企业创造最大价值之处，就是在于“发现市场获利机会”，但不幸的是，这里往往存在类似阿罗信息悖论（在买方得到信息之前，他并不了解信息对他具有的价值，但是一旦他了解信息的价值，他事实上已经无成本地获得了这一信息）的现象，发现后的实现是个长链过程，影响因素众多，真的成功后，你也无法证明成功主要是因为你的发现，有时甚至都无法证明那是“你的”发现。

一般来说，大型的市场获利机会，一是源于市场环境和制度变化，二是源于关键新技术，三是长期关键因素——组织建设能力，抓住机会和最终实现生产效率高于市场，都相当依赖组织建设能力。

2.4.2 企业持续：生产效率高于市场

市场有交易费用，企业是节约市场交易费用的产物，只有企业内部组织生产的效率优于市场提供同等产品的效率，企业才可持续。

企业是用什么提高效率替代市场的？

是权威。

企业建立科层制，通过权威来配置企业资源，组织实现更有效率的生产（提供物品或服务），效率必须高于市场。

企业的运营不靠民主投票，企业也不是自由市场，企业的优势来自权威自上而下的更优决策。即使企业文化鼓励提出异议、鼓励平等争议，也是为了获取更权威的结论。

权威，在这里可以理解为掌握专业知识的员工，各领域、各层级都可以，企业家本人、采购人员、人力资源人员、产品经理、研发工程师、公关人员、总代理、安全监督人员、法务、运营人员、行政人员等，自上而下，用自己的专业知识，在各个岗位上做出超过市场平均水准的更优决策。

这些专业知识，就是企业的核心竞争力来源。它们分散在员工个人的头脑中，既包括用户、市场、行业、政策相关知识，也包括企业内部运行机制、文化价值观，以及企业内其他人的工作内容和个人能力风格偏好等属性。

这些专业知识，可以分为两种：显性知识，默会知识。显性知识是可以通过语言文字符号表达或传递的知识。默会知识是一种只可意会不可言传的知识，无法通过语言文字符号表达。

员工在个人的工作中持续获得和积累的知识，起初都是个人专有的知识，但如果通过语言文字转换为显性知识，就可以被传播，成为企业的共同知识。企业把员工个体积累的默会知识不断转换成显性知识并变成企业共同知识的这个过程，是创新的常见过程。

通过形成内部惯例和制度，一部分个人专有的默会知识也能转换成企业共同知识，后来者只要按惯例和制度行事就是利用了这些知识。

企业积累的共同知识越多，企业内组织效率就越高。因为虽然企业通过权威决策能比市场节约交易费用，但是，企业内部的科层制也会带来层级之间、人与人之间的信息损耗，可以理解为这是企业内的组织成本。（除信息损耗外，另一种主要的组织成本是机会主义带来的。）这些组织成本限制了企业的边界，即企业是不能无限扩大的，企业的边界只能扩大到因企业内部科层增加而增大的组织成本等于外部市场交易成本之时。所以，共同知识是企业效率和核心竞争力的本源。

但还是有多少不一的个人专有的默会知识，是不会变成企业共同知识的。每一个离开的员工，都会带走这些个人专有知识，而且，更换一个新员工后，大家在工作内容和个人能力风格偏好等属性方面的共同知识又会降低，又要重新磨合积累，这些，都是企业的损失。其中，某些关键员工离职带走个人专有知识，造成的企业知识损失可能很大，企业核心竞争力损失有可能也很大。

企业靠科层制自上而下做出的权威决策必须胜过市场平均水平，所以，如果企业内各关键岗位掌握的专业知识和共同知识超过市场平均水平越多，企业的效率优势就越大。而如果这些关键岗位的人才流失率高，专业知识和共同知识含金量较低，甚至低于市场平均水平，对企业来说就是悲剧了。

2.4.3 组织效率

什么是组织？是有共同目标、共同理念、共同知识，遵循一定运行机制的一群人。

企业，是组织的最常见形式之一，可以看作组织的一个特例——默认的共同目标是赚钱。但这只能是隐性目标，真这么说会导致员工和市场的双重误解，进而带来灾难性后果。人们的内心需要有意义的工作，符合社会利益的远大显性目标是好企业必不可少的，否则企业就不可持续。一个会欺骗或坑害用户的企业，它的管理层和员工绝对不会普遍品行良好，其内部文化和效率也会是糟糕的。

共同目标、共同理念、共同知识、运行机制，这四点都会影响组织的效率。这四个条件不是孤立的，而是互相影响的。

共同目标和共同理念很难改动，改动成本很高，所以企业得先有合适的目标和理念，而且企业一般在招聘时就会选择志同道合的人。使命（终极目标）、愿景（阶段性中长期目标）、价值观（共同理念、取舍偏好）之所以重要，是因为事关效率。在这方面有缺陷的企业，天然就比别人少一个提高效率的抓手。

运行机制是制度设计问题。首先是制定好的激励（其次是约束）制度，否则企业必不能长久发展，就像非市场经济从长期来看一定竞争不过激励制度更优的市场经济一样。

一个组织，如果目标差、理念落后、运行机制差（激励和约束制度有缺陷），没法让人从心底认同，势必会长期逆向筛选人才。而人才质量变低，流动性变高，共同知识的积累效果就差，企业效率和核心竞争力自然也不高。

总之，作为一个组织，企业如果想用好权威和共同知识提高效率，那么与之相配的共同目标、共同理念、运行机制（激励、约束等）是必不可少的，它们相辅相成。

罗宾斯在《组织行为学》一书提到，决定组织文化的是三点：第一是创始人的人格特性；第二是高级管理者们的真实行为；第三是员工的社会化，即日常向员工宣贯，以及通过制度和日常工作等让员工融入组织文化。

常有公司把组织文化价值观的 KPI 压给人力资源部门或专门团队，却不知道这方面即使做到完美也只是第三影响因素。

创始人的性格特征是怎样影响组织文化和价值观的？主要是通过

招聘、晋升、赏罚、离职过程中的双向选择影响的，企业经营时间越长，组织文化价值观越取决于创始人的性格特征和自我进化能力，除了抓住第一个大机遇的运气，企业创始人最重要的能力就是自我进化能力。

2.4.4 发展和生存

发展和生存是企业的两条腿。每当一个业务的发展走上新的台阶，就要夯实短板，满足在新高度下的生存要求。两条腿交替运动才能前行，一条腿不能行走，也不能久立。

发展是创造用户价值的游戏，从任何角度突破都可以。在很多条件下，评估发展状况可以只看做成了什么，不看错过了什么、做错了什么。比如，发展期间，企业可以尝试大量新产品、新项目，去探索新的增长方向，找出更多赢利空间。业内场景的增长、商业化等概念，大都是处于这个阶段的公司面临的问题。

但生存是不能有短板的游戏，任何一个短板都可能带来很大伤害甚至致命。在很多条件下，企业能否生存，不看做好了哪些方面、做了多少次，只看哪一个关键问题没处理好。

生存游戏的常见要点包括：

（1）环境选择（制度、文化、时代、地域、关键人等）；

（2）替代成本（时间、品牌、入场门槛、规模效应 / 网络效应、政治 / 生产 / 财务 / 信息等各方面的安全等）；

（3）效率（组织建设、激励与约束、技术应用、成本管理、变现能力、稀缺资源配置等）。

这些问题，哪怕有一个没有处理好，都可能会带来生存危机，使企业消失在历史长河里。我们视野所及的大多数成功企业，都是对每一个问题的每一次处理都足够妥当（或者足够好运），每一步都走得准。

2.4.5 企业做产品的产出

企业做一个产品，一般有四方面产出。

（1）财务绩效。

（2）认知：该领域内的 know-how（技术秘密），对自身能力的认知，技术创新等方面的积累。

（3）团队：互相磨合过的、有平台匹配度的团队，其效率远不是新组建的团队能比的。

（4）无形资产：用户和产业利益链上各方的了解和信任积累，降低了企业未来的新交易和推出新产品的交易成本，提前获得了竞争优势。

只看财务绩效的时候，投资别人做该产品和企业自己做该产品，貌似回报差不多。但自己做的话，还会收获另外三项产出，这其实是真正的企业核心资产，而且神奇的是，即使该产品失败了，这三项企业核心资产也依然是增长的，是可持续积累的。

有的公司爱投资，尤其是为了业务互补或避险，这没问题。但如果为了投资别人而放弃自己做产品，就会失去上述后三项产出的收益，而这些收益不像财务绩效一样容易被认知、被量化。

即便你向被投资企业的核心决策者追问三天三夜，他们也愿意和盘托出，你就懂这个行业、这个产品了吗？在强竞争、强用户互动的互联网服务业，这些信息不是 know-how，或者最多是 know-how 的一部分，只有团队成员亲自一路摸爬滚打所验证和积累的知识和理解才是有效的 know-how，才能为企业在该领域的未来竞争和决策提供有力帮助。

2.4.6 互联网企业的角色变化

2019 年 8 月 19 日，包括亚马逊的贝佐斯、苹果的库克等在内的 181 家美国顶尖企业的管理者发出了一份联合声明书，重新定义了一个公司运营的宗旨，他们宣称：股东利益不再是一个公司最重要的目标，公司的首要任务是创造一个更美好的社会。

这算是一个标志性的结果和信号，它表明互联网企业，尤其是一些大型互联网企业对人类生活的影响太大了，其影响和控制的深度、广度使它们早已不适合继续用传统企业的经济人定位（即所追求的目标是使自己的利益最大化）与社会相处。在相当程度上，这些互联网企业已经在代行公共职能，通信、交易、教育、交通、饮食、娱乐、安全、信用、银行、邮递、社交、媒体、出版……既然是行使公共职能，就要在一定程度上按社会公器的标准与社会相处，找到新的平衡点，否则就难以持续。

以上不是一个从伦理角度出发的观点，而是从市场博弈角度出发的观点。这是各方力量对比出现大变化后，趋向新的博弈平衡方向的结果，是一种必然。

比如青蛙吃害虫，所以青蛙对人类来说是益虫。但如果有一天情况变化，青蛙能长成像猪一样大了，它们就成了新的威胁。它们毕竟是食肉动物，就算不吃小孩，随便吃个猫猫狗狗，人们也是不能接受的。于是，因为体型变化带来的力量变化和风险变化，青蛙们要么进入笼子或戴上嘴套才能生活在人类社区，要么在有人区被捕杀殆尽，只能在无人区生存。

工业革命后的新企业，因为影响力剧变，想必也经历过角色变化，也寻找过与社会相处的新平衡点。因为信息类产品对个人的独特影响力，互联网企业对人的影响深度和广度远远超过了主要出售物质产品的传统企业。这些深入影响和控制人类生活的互联网企业就是体型变大的青蛙，如果它们不找到新的与人类相处的平衡点，最终是不可能被社会（或政府）容忍的。它们需要把自己关到笼子里或放在玻璃屋里，竭力自证无害。

至于从伦理角度来说，关键的一个问题是，因为信息产品的特点，互联网产品对市场的渗透太快了，伦理构建完全跟不上。铁路、汽车、报纸、电话、电力、电视机、证券交易市场、信用卡、食品加工、新药等领域在信息革命之前的重要新产品，实现市场的充分渗透和人群普及都花了多少年？在那漫长的十几年或几十年里，无数的教授、学者、专家、政府及法律系统的研究者、媒体、大众和企业自身进行充分研究、争议、博弈、试错，使得社会伦理能不算太晚地跟这些为人类带来福祉的重大产品进行互相调整和互相适应。但是，互联网呢？很多重大产品三五年就完成市场渗透，就有了几亿用户，那些教授、学者、专家、政府及法律系统的研究者、媒体和大众都还没顾得上开始深度研究，甚至有的人还处于早期默认反对或鄙视新生事物的阶段，所以暂时只能主要依靠企业里的年轻产品经理和年轻管理者去探索定义该产品的伦理问题，这个责任真的很重，而且是时代之重。

2.4.7 詹森生产函数

詹森提出过一个企业生产函数，是分析企业不错的视角：

$$Q=Fr\,(L,\ K,\ M,\ C:\ T)$$

首先，企业的产量 Q（quantity）是变量 r（rules，外部规则）的函数，给定一组外部规则时，存在一个被外部规则约束的产出边界。外部规则是政治、法律、社会、地理等外部环境决定的游戏规则，外部规则首先决定了企业可能的边界，尤其关键的是对企业主体权利的界定和保护。比如停止审批新游戏、行业准入限制的变化、税率高低、产权规则和人身保护水平等，都直接影响企业产出边界，企业只能在这些约束条件下，寻找可能的最大产量（外部规则产出边界）。而当外部规则变化（如实行改革开放、加入世界贸易组织）时，会出现新的外部规则产出边界，这就是企业冒险的最佳时机。

其次，在外部规则 r 给定的前提下，企业的产量 Q 主要是变量 T（technology，技术）的函数，给定一种生产技术时，存在一个生产技术约束的产出边界。广义上，技术是制造一种产品的系统知识。世界知识产权组织把世界上所有能带来经济效益的科学知识都定义为技术。生产技术，就是由投入转化为产出的能力。（从这个视角，有些产品经理的工作其实就是研发。）最熟练的手工作坊也敌不过机械动力，天下最强的骑兵部队也敌不过一支平庸的步枪队，最精锐的现代常规部队，也会输给一颗原子弹，这些都是新技术的代际碾轧。所以，当新技术进入应用阶段时，会出现新的技术性产出边界，这也是企业冒险的最佳时机。

最后，L（labor）、K（capital）、M（material）分别指传统的劳动力、资本、原材料三个生产要素的投入水平（互联网企业的原材料主要是供给）；C 是内部规则，是在给定外部规则 r 的情况下，企业的所有内部游戏规则，包括产权和组织形式、利润分配和激励体系、员工关系和消费者关系、文化价值观等。

对产量 Q 的影响，外部规则远大于技术。假设其他条件不变，但改用 50 年前的产权规则，阿里巴巴、腾讯会怎样？技术的影响又远大于其他要素。在外部规则和技术给定且对各企业作用相近时，长期来说，内部规则的影响远大于劳动力、资本、原材料；但短期内，各种要素都有可能塑造竞争优势。

外部规则也好，新技术也好，往往都有时代性，这就是为什么大型汽车企业、日本大型电子企业、BAT、TMD（今日头条、美团、滴滴），很多都集中在同一个时期创立或崛起。时代性也就意味着一定的运气成分，企业赶上一个好时机（外部规则或技术的更新换代期），即使其他因素平平，也可能有大成就。但如果过滤掉这些背景，长期而言，企业真正较量的是内部规则。企业的主要工作，是持续优化内部规则，提高企业效率和竞争力，以最大化接近技术性产出边界和外部规则产出边界。

詹森生产函数是 20 世纪 70 年代提出的，未考虑今天互联网产业的一些重要特征，如极低边际成本、网络效应、双边平台、知识工作者、新的沟通方式等。而且，企业的任务是努力发现和生产具有价值维度的商品，这个函数也未涉及“价值发现”，仅讨论“生产”，而在这个时代，价值发现在很多时候已经比提高生产效率更重要。即便如此，这个函数依然让人惊艳。

这里所谓的分析“企业”，其实也是分析“产品”：产品用了什么生产技术，产品面临的外部规则约束是什么。因为一个企业无论其估值是 10 亿美元还是 1 万亿美元，通常都只有一两个核心产品（其他产品围绕核心产品生长），在一段时期内，企业的制度建设都是要围绕当前核心产品去设计的，这样才能使效率最优化。

2.4.8 创造价值

企业创造价值，就是把从前没有的价值产生或者制造出来。

什么是价值

价值含义广泛，人们对其的理解也多元，无法归结为一个标准定义，我们看看以下归类对比，也许更能理解这一点：

客观价值—主观价值

短期价值—长期价值

局部价值—整体价值

感知价值—预期价值

绝对价值—相对价值

存量价值—增量价值

企业价值—用户价值

使用价值—交换价值

……

所以，人们讨论价值时，只能从上下文语境去判断在讨论什么价值，以思考和讨论同一个问题，避免鸡同鸭讲。

对产品来说，最核心的价值概念是两个：使用价值，交换价值。产品都包含使用价值和交换价值这两个属性。使用价值即产品的各种效用（在第3部分详述），用户价值也是指使用价值。交换价值是一种使用价值同另一种使用价值相交换的量的比例或关系。交换价值是社会属性，一份产品的市场价格反映其交换价值，是市场供需博弈的结果。

没有使用价值的东西是不能成为产品的。但产品有使用价值，却不一定有交换价值。交换价值（价格）有三个属性，有效用、被认知、稀缺性，任一属性的变化都会严重影响交换价值。比如产品的效用偏离用户需求，找不到愿意交换的用户；比如产品潜在使用价值的被认知度低，交换价值就低（找到越多的交换对象，交换价值就越高，因为能交换更多数量，或能跟愿意出最高价、使用价值最高的人交换，这就是市场宣传和营销的价值）；比如竞争对手有优势，产品的市场价格（交换价值）已经低于本企业的成本了，用户不愿意交换，企业生产该产品也无利可图。

用户购买或使用产品，是为了获取使用价值，但企业做产品却是为了获取交换价值。只有通过交换才能解决产品的使用价值和交换价值的矛盾。交换价值要（通过产品）完成交易才能实现。

一言以蔽之，企业创造有交换价值的使用价值（用产品承载），然后用它跟用户交换钱、时间、承诺等企业需要的价值。

创造价值的五大路径：劳动、分工、交易、新技术、制度

劳动创造价值

一切生产过程都可以理解为：投入劳动，把资源转化为更合乎人的需要的形式。即使是打猎、采集、种植等直接获取自然资源的方式，也要投入劳动才能获得结果。

这里要注意的是，创造新价值的一个关键是“更合乎人的需要”。价值首先是由需求所驱动的，而不是劳动。没有背后对应的需求，劳动是没有意义的（也就没有了价值）。

劳动是人类体力、脑力、心力的付出，劳动可能创造产品的使用价值（但不是一定能创造出来，如烧焦的饭、反复挖开又埋上的道路管线），却不能创造交换价值。

分工创造价值

分工创造价值的原理有四：第一，熟能生巧——投入同等劳动时间能创造更多产出；第二，减少工序切换成本——节约的时间能创造新价值；第三，积累和创造专业知识——专业知识使企业更懂用户需求，或有更高生产效率；第四，工作聚集后就有规模效益，就能激励使用和发明新技术、新工具——新技术、新工具替代和节约人类体力和脑力。

哈耶克说，分工社会的背后其实是技术知识的分工。产品经理这个职业分工的出现、留存、演化，必然也取决于它能带来的生产知识的相对价值的变化。

交易创造价值将在第 3 部分详述。

新技术创造价值

如图 2–3 所示，公元 1 年时，人类人均 GDP（国内生产总值）大约为 450 美元。此后的 1 000 年，人均 GDP 几乎没有变化。因为，这时人类基本只有土地和人力两种生产要素，财富游戏基本只能是争夺这两种要素的零和博弈。然后，从公元 1000 年到 1750 年工业革命前，人均 GDP 只涨了 50%，约为 670 美元。

但工业革命之后，人均 GDP 陡升。第一次工业革命之后，1830 年，英国人均 GDP 约为 2 000 美元（其他欧洲国家仍然约为 1 000 美元，美国约为 1 500 美元）。第二次工业革命之后，1910 年，英国人均

GDP 约为 5 000 美元（美国也是 5 000 美元，德国为 4 000 美元，法国为 3 000 美元）。中国人均 GDP 达到 5 000 美元是在 2011 年。

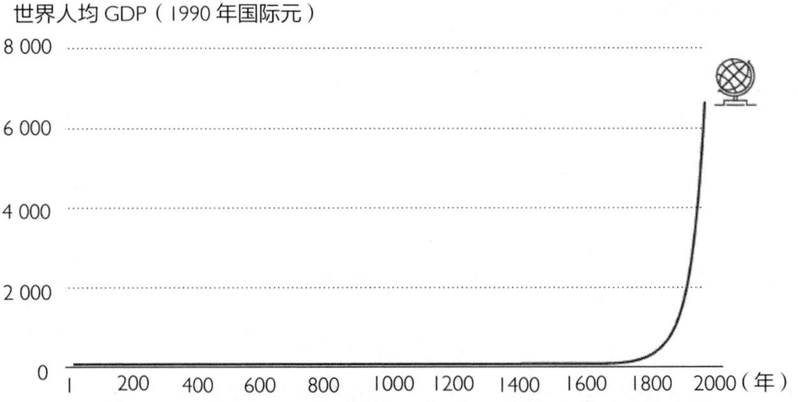

图 2–3　世界人均 GDP 变化趋势

资料来源："Statistics on World Population, GDP and Per Capita GDP，1–2008 AD"，Angus Maddison, IMF.

一图胜千言，今天人类的幸福生活，大多要感谢新技术。从广义上说，技术就是生产知识，是所有能带来经济效益的知识。新技术，即新的生产知识。从某个意义上说，人类日常生活的幸福发展史几乎等同于技术进步史。

不过，值得一提的是，对于消费市场上的用户来说，只有能被应用和普及的技术才能创造大量价值。技术本身（无论多高端）并不创造价值，技术必须被应用于产品，但产品（被生产出来）本身也不创造价值——只有产品被交易（此处的交易指购买和使用）后才实现了价值创造，只有交易量大才能创造大量新价值。

制度创造价值

经济增长的根本动力是什么？诺斯在他的著名作品《西方世界的兴起》中，否定了通常把西方国家近代高速发展的原因归结为工业革命的观点，详细解释了是制度创新，是产权的不断明晰和保障不断加强，决定着知识、技术、商业和经济的增长和积累，最终工业革命水到渠成。诺斯后来凭制度变迁理论获得1993年诺贝尔经济学奖。

按一些经济学家的观点，工业革命注定只会起源于英国。根本原因在于，曾经有段时间，英国王室势弱，所以当王室需要支付大额战争费用时，只能跟国民谈判协商，于是被迫签下了丧失王权的条约，条约内容包括禁止国王自由加税、随意没收国民财产、随意剥夺国民人身自由等。这不难理解，国民以后挣的钱和财产真的都是自己的了，大家还不拼命干？这些产权保障激励了几代人的无数商业冒险和创新，最终工业革命在英国水到渠成。

而同期的法国王室和一些其他西方国家王室，不像英国王室这么弱，能继续靠横征暴敛来支付大额战争费用，就不会有产权保障激励国民进行商业冒险和创新，也就不可能有商业和技术长期积累后形成的工业革命。

所以，制度创新决定着知识和技术的增长，技术进步、工业革命和经济增长都只是结果。

詹森生产函数也反映了异曲同工的观点，给定外部制度和技术，长期来说对企业产出影响最大的是企业的内部制度。

2.5 如何更好地用产品进行“价值交换”

理解了用户、产品、企业的关系，了解了用户价值在产品经理领域的核心意义后，我们需要思考的是，我们如何利用这个理论，更好地指导我们的日常工作，帮助我们更好地设计产品，为企业创造商业价值，也就是说，我们如何才能更好地用产品进行“价值交换”？

我们认为，在实际应用这个理论的过程中，最重要的一种思路是“将产品看作交易”，在企业、产品、用户的三方框架下去认知和定义产品，在这个三方框架下，以终为始，产品一开始就应该为了企业和用户间的交易（价值交换）而存在，产品即交易。以这种思路来理解产品，能很好地帮我们权衡产品分析和设计中的利弊，下面我们就将展开讨论“产品即交易”，厘清几个核心概念，帮助我们更好地设计产品。

2.5.1 “交易”是广义的

“产品即交易”里的“交易”是广义的，并不是只有用货币进行的交换才能被称为交易。人做出任何有意识的行为，都是因为对当前状态不满意，且预期做出这个行为后，自己可能趋向一种更好的状态。行为可以是吃饭、休息、游戏、竞争、阅读、娱乐、购物、交流、出行、搜寻、治病、洗澡、助人等，无论行为大小，莫不如是。人做出任何有意识的行为，也都需要付出代价，包括但不限于货币、时间、体力、心力、风险等直接成本，以及放弃作为机会成本存在的其他潜在收益。所以“产品即交易”里的“交易”，是指把人的任何有意识行为，看作付出预期代价购买预期收益。

2.5.2 发生在交易中的“价值”是主观的

价值产生于进行交易的个体（用户）的主观效用评价，效用是指能满足人的某种欲望、满足到某种程度，可以理解为这个产品对用户有什么用，能带来什么好处。一个产品带给一个用户的效用一般不是唯一的，而是一个效用组合。又因为用户的欲望、信念、禀赋、资源、偏好、所处情境的不同，一个产品对不同用户或在不同情境会有不同的效用组合，用户会有千变万化的权衡取舍。用户的价值判断是主观的，企业的价值判断其实也是主观的，因为企业虽然作为一个集体，但最终做出决策的还是人，不管是一个人还是一群人，他们的主观判断和认知会决定一个企业的价值判断，而这也就是我们常说的企业“基因”的一部分。

2.5.3 提升对用户“主观价值”的判断水平，以提升“理解用户”的能力

理解用户价值（主观效果）既重要，又困难。重要的是，只有理解了用户的主观效用，才能设计对的产品来促成交易。困难在于，用户价值是主观的，不同人在不同情境会有很多变化。所以，这里提供几种用于判断用户价值的视角，帮助大家提升主观判断的质量，以提升“理解用户”的能力，最终设计出更好的产品（第4部分中将具体解释这几点）：

（1）对自我认知的认知；

（2）对给定目标的批判性思考；

（3）参照系；

（4）成本；

（5）不确定性决策；

（6）概率（风险决策）；

（7）非货币价值（跨效用决策）；

（8）外部性；

（9）时间性（跨期决策）。

2.5.4 从用户角度，如何更好地与用户进行“价值交换”

既然是交易，每一方都需要保证自己是获益的，亏本生意没人做。用户愿意选择产品的前提是“效用 – 成本 > 0”，这个公式可以看成是“用户价值 = 新体验 – 旧体验 – 替换成本”的另一种表达。

这里的“效用”已在前文详细讲过，而用户的成本有两部分：

（1）直接成本，包括付出的金钱成本、时间成本、隐私数据、态度等；

（2）交易成本，即为了促成交易，付出的搜寻成本（比如为了找到哪个音乐软件最适合自己，甚至尝试用几个付出的时间）、议价成本（为了买到更便宜的西红柿和摊贩讨价还价付出的时间和口舌）、学习使用的成本、保障成本等。

只有产品对用户的效用大于用户付出的成本，用户才会选择这个产品。所以，我们的产品要么扩大效用（例如每年年终盘点时，各家产品告诉你已经共计为你省了 x 元 /y 分钟，就是希望增强你对产品价值的感知），要么降低成本（例如简化产品交互，就是为了降低产品的使用门槛，让对互联网产品不熟悉的用户也能使用产品）。

2.5.5 从企业角度，如何更好地与用户进行“价值交换”

与用户同理，企业愿意或能够生产产品的前提是其“收益 – 成本＞0”。

企业的收益，从广义来看，既可以是当前的现金收入，也可以是能增加未来交易和收入可能性的各方信任，如社会声望、品牌形象、政府关系。而企业的成本，则包含生产成本和交易成本。生产成本容易理解，交易成本可以理解为一切为了促成交易达成付出的代价。

我们还是以QQ音乐为例。公司愿意或能够长期提供这项服务，一定是因为它的收益大于成本。它的收益包括但不限于：售卖音乐内容获得的收入（会员收入、单曲收入、广告收入等），在内容消费领域的布局对腾讯整体价值评估（股价）的影响，连通腾讯其他平台的用户数据的战略价值等。

它的成本包括以下两部分。

（1）生产成本：购买音乐内容的成本，QQ音乐公司员工的薪酬等。

（2）交易成本：需要重点强调，因为它容易被大家忽略。QQ音乐不是一个自然被所有人知道的平台，“购买音乐”这个习惯也不是所有中国用户都有的，所以“购买音乐内容”这项交易，是不会自然发生的。QQ音乐公司为了促成交易发生，需要付出很多成本。例如在媒体上付费宣传，获取愿意购买音乐的用户。再例如，通过赠送优惠等方式，让用户养成付费购买音乐的习惯，这种让用户养成习惯的“补贴”成本，理论上也可以归为交易成本，因为它是为了后续更大规模、更有效率的交易的达成。

总之，产品是企业和用户进行价值交换的媒介。用户愿意进行交易（选择该产品）是因为这个选择对他而言是价值最大化的，即用户主观预期该产品的效用大于用户的成本，且大于其他产品的效用（机会成本）。企业愿意进行交易（卖出产品）也是因为这么做最有利可图，并且企业要注意持续维护和创造用户价值，才能保证交易的“可持续性”，才能持续地获利。而企业的一切行为，也应该围绕“让交换行为更多地发生”。

3.

交　易

前文提到，用户模型与交易模型是产品经理的两个关键里程碑。这一部分，我们就来讲解交易的具体概念、交易的类型，以及交易模型的建立。

3.1 交易与交易模型

我们常说产品即交易，这里的交易是从用户视角来讲的，用户的每一次主动行为都是与世界的一次交易。

3.1.1 什么是交易

产品即交易

在没有强迫或欺诈的前提下，拥有自由选择权的理性人，只有在预期收益大于直接代价，且预期收益大于机会成本的情况下，才会做出交易行为。交易不一定发生在买卖双方，人的每次行为都可以看作他跟世界做的一次交易。

除了被本能、习惯和认知偏误所影响的行为，人们的主观行为过程中必然包含对预期得到什么、付出什么的思考，这是“交易”最核心的两点。

比如对于资讯类产品而言，交易主要是用户以“自己的时间”来换取“获得资讯”的一个过程；用户需要判断“获得的资讯”的预期收益与付出的时间成本如何，收益大于成本，才会发生这次交易。（这里讨论的是人的理性行为，但现实中人是有限理性的，经常受习惯、本能、错误信息支配，而没有做出理性行为。）这里也可以看出，用户的成本其实分为很多种类型，大体而言有金钱、时间、身体、心理（非常多样化）四类。也因成本类型的多样化，产品体系所定义的“交易”不一定都是需要“金钱”的。

这里“交易”的定义与传统的经济学上的定义不完全一致，但关于“交易”这个词的学术资料和媒体文章太多，在概念上有一定混淆，阅读时要注意根据上下文和语境去理解。我们所说的“交易”更接近一种交换行为。

为何需要交易

在回答这个问题之前，我们先问个问题：世界上有等价交换吗？

答案是，世界上不存在等价交换。

比如你去超市花 10 元钱买一盒方便面，你和超市店主之间是等价交换吗？答案是否定的。方便面的账面价格确实是 10 元，但对你个人来说，当你愿意花 10 元购买方便面时（的那个情境），这包方便面给你带来的效用一定是超过 10 元的，所以你才会跟店主交换（否则你留着这 10 元钱才是个人利益最大化）。而反过来，对店主来说，这 10 元钱的价值必然是超过这盒方便面的。如果说店主的总成本加起来就是 10 元，刚好等于售价，那他为什么要跟你换？这次交换中他并没有获得收益。所以，他之所以愿意和你交换，大概率是因为他的售价要高于这次交易的直接成本（方便面的进货价格）和交易成本（比如一个门店的人员招聘过程耗费的成本、防损耗的措施耗费的成本、房租、找货的成本、纳税的成本等）。当然，如果考虑到机会成本，这个计算会更复杂（当超市的方便面是量产供给品时，卖给任何顾客都可以，不需要考虑机会成本；但如果只剩一盒方便面而潜在顾客很多，则机会成本是"收益最大的一种卖法"，这时店主可能会选择不至于破坏可持续性的、能被市场接受的最高价，比如说拍卖）。

再比如房产交易，实际上每一次房产交易，双方不仅仅在交易房子本身，买卖的不仅仅是砖头、水泥、钢筋等堆砌而成的物理空间，同时也在交易着房子背后的户口、位置、学区、生活便利性、社会地位、安全感、婚姻吸引力等软性的东西。如果从投资视角来看待一次房产交易，长期来看，价格涨跌以后，这次交易中一定有人赚钱有人亏钱，但在交易的那一刻，双方的效用都是增加的：买房者肯定是预计这房子背后的居住价值或投资价值高于他所付的代价，而卖房人也觉得这次交易的收益其实要高于他自己继续居住或继续持有该房产的收益，也高于他此次不交易或者等待下一个交易者进行交易的相对收益。当然，这里面的效用是主观的，会受到基因、情境、经验等因素的影响。

所以，交换创造价值，你愿意付出一些代价去买（交换）那个东西，是因为你预计它对你的价值大于你付出的代价，而且没有更优选择。

工业时代开始出现了分工，人们能够生产大量的商品进行彼此交换，因此交易在这个世界上越来越频繁，交易能创造的价值也越来越大。在工业时代，一个纺纱工厂主可能生产了100万单位的纺纱，可以用这些纺纱去交换粮食等消费品，交换原料等生产资料，或交换货币这个交易媒介。

这些频繁发生的交换虽然从市场价格上看是对等的，是名义上的“等价交换”，但实际上每一次交换给双方都增加了新的价值。一个比较极端的例子是，一个樵夫拥有一把小提琴，一个音乐家拥有一把斧子，他们两个交换一下，会发生什么？在这样的交换过程中，这个世界上的总物质没有增加，但是交换前后这两个产品给它们的所有人带来的价值完全不一样，他们对这两个产品的估值增加了，这个世界上的总价值增加了。

产品通过交易转移到了一个更能创造价值的人手里，樵夫拿到斧子和音乐家拿到小提琴，他们就能创造比之前要大得多的价值。

他们利用这两个物品创造新价值的能力也增加了，也就是说，这个世界上的总物质没有增加，但这个世界上的人类创造新价值的能力增加了。

这就是这个世界无时无刻不在发生交易的原因——交易创造价值。

世界上没有等价交换，只要不存在强迫和欺诈，一定是双方都主观判断自己会受益，才会完成交易。如果有一方亏本，他就不会愿意进行交易。产品即交易，作为产品经理，就要帮助用户创造这样的交换，产品设计要以终为始，一开始就奔着最后能成交去设计。

所以，一个企业的核心最终目标就应该是创造交易，有交易才有用户，才算完成了价值创造，才有可能赚钱。发现市场机会，其实就是发现你能促成一个交易，让用户付出某种代价来买你的产品。这种代价可能是金钱，也可能是时间，或者是体力、精力、精神等。

3.1.2 什么是交易模型

前文提到的交易是指用户的主观行为，是一个单边视角的描述；而交易模型是指产品经理发现和设计的合理机制，它能促成用户做出某种行为（即交易），且可持续（生态是平衡的）。交易模型在某种意义上也是商业模式，是多边关系平衡的利益创造和利益分配模式。

其实如果拆解“利益创造”和“利益分配”两个词语，交易模型的设计精髓就是“如何创造利益（利从何来）”及“如何分配利益（利往何去）”两个命题。这正是产品经理需要掌握的两个方面（用户模型和交易模型）的其中一个，即掌握现实社会中某领域的多边行为模型。这里的交易模型更多侧重的是多边平衡的利益创造和利益分配设计，这里的利益不仅仅是金钱上的利益，这里的交易模型，也能用于解释一次搜索、一次通信、一次阅读、一次抖音等不涉及金钱的用户行为。

理解交易模型其实有很多有意思的切入点，比如损失厌恶、选择增加福利、激励相容。

心理学上的实验证明，人们是只想获得不想损失的，这也是人类几百万年积累下来的本能。

著名行为经济学家塞勒和他的同事曾经做过一个实验，把一个班的学生分为两组，一组学生拿到价值 3 美元的马克杯，另外一组学生拿到 3 美元，他们让这些学生进行自由交易。拥有马克杯的学生普遍认为，自己的杯子的价格高于 3 美元，而获得 3 美元的同学普遍认为马克杯的价格低于 3 美元。因为“你的杯子”和“杯子”对于你而言，其实是两个产品。因为一旦拥有了某个东西，再将它卖出去其实是某种意义上的“损失”。

损失厌恶，指的是人们面对同样数量的收益和损失时，认为损失更加难以忍受。同量的损失带来的负效用为同量收益的正效用的 2.5 倍。所以平均来说，用户换回的物品或其他价值要大于支付代价的

2.5 倍，交易才能成立。

关于选择增加福利，举一个最极端的例子。比如说一个人要被处死，他没有选择，只有一种死法，和他有两种可选的死法相比，那两种死法的福利还是大于一种死法的。选择增加福利，基本上是普遍适用的，至少是大于等于原有福利的（不过还需要考虑增加选择后，因选择困难而增加的交易成本）。

每一次交换，双方都是受益的。世界上之所以没有等价交换，从另一个角度来看也是因为交换是需要交易成本的。在没有强制和欺诈的前提下，选择增加福利，交换创造价值。

你愿意放弃已获得的某个东西，大概率是为了换取当下对你而言更高的用户价值。交换创造价值，反过来也可以理解为，不创造当下主观价值的交换不可能存在。

所以也可以从这个角度去思考产品经理这个角色。产品经理用产品促成企业和用户间的价值交换，每一次交换都会创造价值。产品经理最终要做的，是持续不断地发现市场上高于用户支付代价的用户价值，并设计合适的交易模型把它固化为产品。

劳动、分工、新技术、制度和交易都是创造价值的一些手段。交易和交换本质上是一回事，我们从上帝视角来看，双方都是在交易或者交换。但是从单方视角来看，交易的任何一方都只关心“我会付出什么，我会得到什么”。只有得到的大于付出的，他才愿意参与交换，否则他就不会执行这个交换行为（理性人还能做到根据机会成本做决策）。

赫维茨凭机制设计理论获得2007年诺贝尔经济学奖，他提出了“激励相容”：在市场经济中，每个参与者都会按实现个人利益最大化的策略行动，如果有一种制度安排，使行为人追求个人利益的行为正好与企业实现整体价值最大化的目标相吻合，这一制度安排就是“激励相容”。简单地说，就是让对方干得好要比干得不好时获得更多收入，这样对方才有上进的动力。

以上只是理解交易模型的几个视角示例，要深刻理解和掌握交易模型还需要学习更多，在实践中丰富认知。

3.1.3　产品经理为什么要关注交易

我们做产品，最终目的是促成用户的一种行为（交易、使用），在没有强制或欺诈的前提下，自由交换必然同时增加双方的效用。

企业以产品为媒介，创造用户价值并和用户交换。企业的一切行为也应该围绕“让交换行为更多地发生”。以下是让更多的交换行为发生的具体做法。

（1）持续发现和追加可交换的、有利可图的用户价值。

（2）创造和更高效率地创造这些用户价值。

（3）持续降低生产成本和所有交易成本。

（4）企业行为的权重，按影响用户交换行为的 ROI 排序。

（5）维护企业生存能力和可持续发展能力。

持续发现和追加可交换的、有利可图的用户价值

用户价值和商业价值不是互相孤立的，而是一体两面。企业和用户是平等的，企业拿创造的用户价值跟用户交换钱（或者时间等间接价值），公平得很。这里的“交换钱”，是从企业业务总和的长期视角来看，且可以“羊毛出在猪身上”。企业应该创造有利可图的用户价值（但并非只创造有利可图的用户价值，因为有的用户价值虽然无利可图，但难以切割，或未被充分认知，或间接有利可图等，也可以被创造，如有的商家会把产品分为引流品、跑量品、利润品、清货品），找到用户价值和商业价值的平衡。

而所有的价值创造与“企业赚钱”问题在加入“可持续”这个概念后，所谓的体验问题、价值观问题，绝大多数时候还不到要判断是非善恶的程度，只是利益计算问题，需要做艰难选择的时候极少。

又比如我们在定价时会考虑经济学里的“价格弹性”，有短期弹性和长期弹性之分。大多数经济学中关于价格弹性的讨论都是针对短期弹性，即一次涨降价后，用户随后的短期购买意愿会发生怎样的变化。而长期弹性指的是某次价格调整后，随着用户对价格的逐步对比和感知，他的长期购买意愿是怎样的。这两者在某些场景和订单结构上，差距是非常大的。

现实生活中，企业和用户的交易是一个多次博弈和交互的过程，如果要“可持续”地与用户发生交换，那么很多决策可能需要发生改变。

比如某一个短期涨价行为，确实可以带来短期的利润及成交总额（GMV）上升，但如果长远来看，用户会逐步意识到这个产品不是好选择，进而离开。所以这样的商业价值创造方式是不可持续的。

除了价格变化，经常还会有这种情况，一个产品或运营策略的变更，可能在活动期间或短期内带来更好看的数据，但12个月或更长时间后的用户长期行为数据却会因为这个策略变更而变差。或者反过来，也有些产品或运营策略的短期流量数据不好，但综合收益和长期收益向好。要改善这类问题，产品经理需要在业务认知和价值观念两方面进行提升。

关于这类问题，贝佐斯在2005年致股东的信中也有类似的论述：“我们对价格弹性的定量理解是在短期内的。我们可以预计降价在本周和本季度内的影响，但是我们不能精确预计持续降价在今后五年、十年或更长时间内对我们业务的影响。我们的判断是，以降价的形式提高对客户的回报率和规模经济，会建立长期的良性循环，带来金额更高的自由现金流，从而为亚马逊带来更宝贵的价值。我们对免费送货服务和亚马逊 Prime 会员计划做出了类似的判断，这两项功能在短期内耗资不菲——而我们相信它们会有非常重要的长期价值。”

再比如某些名声不好的医疗企业因为毛利高，获客意愿也强，因此对搜索引擎排名的参与意愿很高，如果放开搜索引擎排名的口子，那么企业的短期营收一定会变好。但长期呢？随着用户一次次被欺骗，甚至是极端舆论事件的一次次发酵，用户会逐步丧失对平台的信任，进而使用户和企业间的交易成本增加，以致企业名下所有产品的商业效率和市场竞争力持续降低。

不过对于长期价值，很多时候并不容易直接计算和判断。这时候，一个产品经理或企业决策者的判断力，以及企业价值观的作用就会逐步凸显出来。

比如西贝提出的“不好吃不要钱”的退款 / 退货规则，其收益其实很难在短期内判断。西贝推动决策的依据更多是“相信顾客”的原则，不希望因为 1% 的坏人影响 99% 的好人的体验。而且为了让这样的规则落地顺畅，西贝还规定服务员绩效与退菜数无关。

我们观察到很多优秀的企业其实都有一个共性：对外的表现是用户体验好，背后的关键点其实是重视长期收益的价值观。

创造和更高效率地创造用户价值

在市场经济条件下，企业的竞争过程主要通过模仿和创造来进行。而当一家企业通过多种方法发现了市场机会，并创造了新的价值，短期来看，因为用户没有其他的选择，因此这家企业可以赚取非常高的利润。但其他企业看到这样的情形后，便会开始模仿及跟进类似的价值创造，甚至会在此基础上进行额外的改进，引入更多的创新。因为这样的市场机制及现象存在，所以很少有静态的企业壁垒（政府意志支撑的强准入限制可以算），大多数企业的壁垒其实是“效率”或者说“时间差”。因此，我们除了要讨论“创造价值”外，还需要思考如何高效率地创造价值。

企业行为的权重，按影响用户交换行为的 ROI 排序

对于电商和外卖行业来说，较少受供给影响，价格比使用体验（以下均指符合市场底线预期的至少及格的使用体验）更影响用户行为。

一些视频和内容类产品不太受价格影响，但供给比使用体验更影响用户行为。

对于搜索引擎和很多工具类产品，价格和供给都难影响用户行为，使用体验和先发优势的影响权重较高，产品经理在市场竞争早中期的价值权重也就较高。

对于打车产品，供给和价格都比 App 交互体验更影响用户行为。在有些情境下，政府态度和安全感也更影响供给、价格和用户行为。

价格是显性属性，价格的重要性不容易被低估。但某些应该更重视供给或经营的产品，在过往强调使用体验尤其是追求极致交互体验的产品文化潮流中，其供给或经营没有受到足够的重视，在一定程度

上算被带歪了。这也说明，我们需要对产品经理所需能力模型进行不断反思，每个行业和每个阶段都可能有不同的最优解。

关于维护企业生存能力和可持续发展能力，可见第2部分中关于企业发展和生存的内容。

关于持续降低交易成本的内容可见后文关于交易费用的内容。

3.2 效用

经济学是最庞大的社会学科，但对产品经理来说，只要掌握四个概念——效用、边际、成本、供需定律，就算过了及格线。

关于这四个概念，其实有很多资料及书籍都诠释过，重要的还是要应用到工作中，去分析产品问题和辅助产品决策。平时生活中也可以应用这些概念进行思考，这样你在生活中的决策判断能力也会见长，你对社会和人性的理解也会提高，也就间接提高了产品专业能力。

3.2.1 什么是效用

什么是效用？效用是欲望的满足程度，人通过消费物品和劳务来满足欲望。

效用的概念是丹尼尔·伯努利在1738年解释圣彼得堡悖论时提

出的，目的是挑战以金额期望值作为决策的标准。其主要包括两条原理。

（1）边际效用递减原理：一个人对于财富的占有多多益善，即效用函数一阶导数大于零；随着财富的增加，满足程度的增加速度不断下降，效用函数二阶导数小于零。

（2）最大效用原理：在风险和不确定条件下，个人的决策行为准则是为了获得最大期望效用值而非最大期望金额值。

萨缪尔森的幸福方程式“幸福 = 效用 ÷ 欲望”说明，幸福程度与效用成正比，与欲望成反比。在效用一定的情况下，欲望越小，人们感到越幸福，欲望越大则越不幸福；在欲望一定的情况下，效用越大，人们感到越幸福，效用越小则越不幸福。所以，获取幸福的途径有两条，增加效用或减少欲望。效用是心理感觉，不是事实，是特定个体在特定情境下的主观评价。

欲望是一种缺乏的感觉与求得满足的愿望，即不足之感与求足之愿。

人类欲望的特点是无限性，欲望永远也没有被完全满足的时候，它不仅种类是无限的——一种欲望满足之后又会产生其他欲望，而且程度也是无限的——一个人可能有了 1 000 万元就想要 5 000 万元，有了 5 000 万元就想 5 亿元。

马斯洛把人的需求分为五个层次，从下至上分别是：基本生理需求、安全需求、社会需求、尊重的需求、自我实现的需求。

欲望的无限性正是推动社会前进的动力，每个人为了满足自己不断产生、永无止境的欲望而努力和奋斗。

3.2.2 效用的多样性和无限性

效用是多样的，包括但不限于货币、时间、身体需求、心理需求、信念、情绪、认知等。

最基本的效用便是货币。货币本身其实没什么用，但因为它是媒介，有它就代表能交换（买到）很多东西。

时间对每个人来说都是稀缺的（每个人的一天都只有 24 小时，也很公平），它的价值大小在于个人的时间能交换多少价值，这是一个相对价格。所以我们说有些人的时间不值钱，那是因为他的单位时间能用来交换的货币收入低，而有些人的时间又真的很贵，那是因为他的单位时间能用来交换很高的货币收入。

欲望是最主要的用户需求起源，欲望最常表现为身体上的多种需求，如食、性、视、听、味、触、舒适、健康、美丽、生命、自由等。就以“美丽”这个效用而言，对这种效用的需求和生产交易过程孕育了一个非常庞大的市场。可能一个人每月挣 3 000 元时，愿意花 1 000 元去增加“美丽”；而每月挣 30 万元时，会愿意花几万元去买

“美丽”。人们对美丽的需求和投入有无限性，对健康、生命等也是这样。

心理感觉也会有各种各样的效用，心理效用的需求表现有生存、安全、归属、尊重、自我实现、好奇、审美、名誉、权力、友谊、爱情、闲暇等。

信念也是一个基本的用户需求起源，每个人的信念是不一样的，违反个人信念的事会给个人带来认知失调和负效用。比如有些人为了信念有所为有所不为，坚持不做某些他不认可的事情，这个拒绝过程其实对他个人而言也有一种正效用。虽然不是每个人都有机会为了守护信念而付出甚至牺牲，但生活中依然有很多基于信念而产生的效用，以及为之支付的代价。

情绪也是一个最基本的用户需求起源，满足情绪能够给用户带来效用，这需要掌握足够多的心理学理论基础并进行实验研究。不同情境下引发的不同情绪，会带来不一样的效用。

认知的效用主要体现为认知失调。认知失调主要体现在两个方面：自尊取向，即维护正面的自我形象；社会认知取向，即正确了解世界的需求。

自尊取向是指人都是要维护自己正面形象的。“我是对的”，而且“我对社会是有益的”，我不但是正确的，我还是个好人。这种需求是人的本能，如果他认为自己做的事跟这个需求不符，就会出现认知失调，就会本能地想去改变失调的状况。

社会认知取向，即正确了解世界的需求。这也是人类的本能，是人类进化而来、埋入基因里的，因为不具有这方面基因能力的人早就在进化过程中被淘汰了。

但是社会认知取向有时候和自尊取向是冲突的：一个人要正确认知世界，结果发现自己正在做的事情其实是错误的和坏的。这个时候，只有少数人在少数时候能够进行自我否定和自我改变，多数人的习惯做法是在心理上寻找自我安慰甚至扭曲认知，以营造这件事其实“不算坏”甚至是“好的”的感觉，继续假装自己是正确的，自己是好人，归因于别人有偏见或无知，或者归因于这是别人和环境造成的问题。

举一个例子来说明效用的多样性。比如基本的食物，假如我们只是为了活下去，每天要补充能量，可能 10 元钱一顿饭就可以满足我们的需求。但是为什么我们还要花更多的钱去购买食物？这里面的场景和原因是多样的，提供的效用也是多样的。

比如你可能愿意花更多的钱去购买“安全”，觉得更高的食品安全度比付出的额外成本价值更大。你也可能觉得视觉感受很重要，觉得为某道菜的“视觉”效用付出一定程度的额外成本是划算的。当然你也可能是为了“味道”效用买单，为了吃一顿美味，横跨整个城市，再排队两小时，额外付出高额的金钱及时间等交易成本去换取这个效用。当然你也可能是为了获取“舒适”效用，为了少走几步，选择在公司旁边的便利店购买，虽然便利店里的食物可能确实会比远一点的大超市贵一些，甚至难吃一些，选择少一些，但这个“舒适”效用在某些情境下可能对你而言更有价值。如果你发现某种快餐是你喜欢的明星在代言，那么作为粉丝的你也因此获得了一个“归属感”效用。当然，“归属感”的获得也可以是因为一个菜系（如川菜）、一个连锁品牌、一个营销定位、一个同事中的热门选择等。再比如说，服务员特别殷勤，你获得了“尊重”的效用；或者商家提供 VIP 会员的身份和特权，很多人愿意为这种额外的“尊重”效用支付金钱或者至少支付留存率、复购率。如果你决定不出门买，选择以叫外卖的方式来完成一顿午餐，额外支付一点配送费，你换回了“自由”“舒适”“省时间”的效用。

如果你认可一个产品带来的某种效用，且这个效用大于你愿意支付的代价，这种效用的交易就能成立，世界上就多了一笔消费、一次交易，同时也为交易双方创造了两组新价值。

如上所述，哪怕是最简单的食物，其能够带来的效用也是非常丰富多样的，理论上可以无限创新和叠加效用，只要有人愿意买单就能生成新交易。所以任何产品的潜在效用都是无穷无尽的，企业的不同创造方式，其实只是在选择某个效用带来的收入是否能大于提供它的成本。如果成本低于收入，那么企业便会扩大生产这种产品，在市场上出售这种“效用”。

所以我们说其实用户不是人，是需求的集合。某个人可能在 A 情境下，是某个产品的用户，但在 B 情境下却又不是这个产品的用户了，因为这个产品在A情境下可以提供最大效用满足他的需求，但在B情境下却又不能了。

比如一个人平常的购物理念是能用就好，追求极致低价，主要购买渠道是拼多多。但某天因为他第二天急需一个电钻，他选择了配送速度更快的京东作为此次消费的场合，主要是看中了京东能在这个情境下，额外满足其对配送速度的需求。而如果配送速度这个高优先级需求得不到满足，其他效用在这个情境下都无从谈起。所以这是一个同时使用拼多多和京东的自然人，那么这个用户究竟算谁的用户呢？相比之下，以自然人的角度来分析谁是用户是有缺陷的，可能导致企业自我满足于几亿注册用户这种片面的数据，而忽略思考自己到底提供给了用户哪些效用，满足了用户相关需求总量中的多少。

再比如今日头条这个以新闻资讯起家的App，假设其通过提供新闻资讯达到了1亿用户量的规模，然后又在资讯的基础上做了视频、社区、汽车、教育等几十个产品且这1亿人大多在用，如果只看日活跃用户，那还是新闻资讯吸引的这1亿人。那今日头条的用户数增加了吗？其实是增加了的，本质上，头条系列产品已经满足了几十亿用户的需求，因为它满足的用户需求多了n倍，它创造的用户价值也远不是用1亿日活跃用户能评估的。

所以我们更建议以需求的角度来定义企业的“用户”，因为不同的产品、不同的使用场景，满足了不同的效用需求。而用户从来都不是人，只要多提供了一种效用，多了一种交换内容，那就多了一类用户，有交易就有用户。

希夫曼曾提出一个脸书用户使用动机的汇总表，说明脸书的效用、满足的用户也是非常多样的。

- 分享信息：提供信息，分享对他人有用的信息，传递新闻。
- 便利与休闲：感到愉快，同他人联系简单快捷，仅仅因为喜欢。
- 打发时间：对抗厌倦、无聊感，其他人都在做。
- 人际效用：遇到背景相似的人，遇到趣味相同的人。
- 控制：想让别人为自己做些事情，告诉别人做什么。
- 推广工作：推广自己所在的组织机构，推广个人工作。

不管人们用了你“一个产品”还是“几种产品”或“几种功能”，只要满足了几种需求，就有几种交易，就有几种不同的用户。

不断增加效用，不断促成用户改变行为——不管是让他花时间，还是让他花钱来与你产生新的交换，都算增加了一个新用户。

从这个角度来看，用户其实是无限的，地球上一共有70亿人，但用户可能有几千亿、几万亿。因为一个人可以购买或使用无数种产品，并在这些产品上获得多种效用。同样一个产品，可以叠加很多效用。卖同样一批橘子，可能卖的是“低价”，也可能卖的是“有机”“安全”，又或者是卖“甜度”、卖“水分”、卖“产地”、卖“保障”、卖“新鲜”、卖“方便”、卖“包装”、卖“归属”、卖“爱心”、卖“反季节”的稀缺性等等，卖的其实是效用（或效用组合），而不是具有相近物理属性的橘子本身。

以效用角度去分析什么是用户，更容易得到对企业发展有利的判断。因此不用过多地纠结这个定义本身，而是以这种视角去不断感悟和细分自己产品的用户，这样会有很大价值。

效用也具备个体性，同样一个产品带来的效用，对不同的个人来说差异很大，受到情境、边际及个体的禀赋、资源、偏好、认知的影响。信息的完备性及原有的思维框架也会影响一个人对效用的判断。

比如，如果打车软件有个功能，高峰期加价 200 元可以马上打到车，这个功能的用户一定是有钱的人吗？也未必，一个平时省吃俭用的人，如果他妻子临产，在紧急时刻他肯定也愿意用这个功能来加价打车。主要是因为情境发生了变化，因此同样的一个产品功能、同样一次服务内容带给他的主观效用已发生了变化。

前文提到的房产交易的例子也比较好理解。假设交易的双方都是以投资为目的进行这次房产交易，长期来看，大概率必有一方在这次交易中亏了（或少赚了）。但在交易发生的时刻，双方都是觉得“自己赚到了”的，双方的个人总效用因此次交易而变得更大了。这可能是因为双方的信息不对称，比如一方知道这房产附近即将要修建地铁，而另一方不知道；也可能是双方对房子的偏好不一样；等等。效用的个体主观性在某种意义上也使市场出现了很多的交易可能性，如果所有人对一个产品的效用评价是一致的，比如所有人都看跌一个股票，那么交易就不会发生。

效用是心理上的主观评价。心理上的东西往往有个特点是“信则有，不信则无”，理解以后，可以有意识地规避或接受。一个热门 TED 演讲提到，有个研究追踪了 3 万名美国成人，问他们“去年你感受到了多大压力？”和“你相信压力有碍健康吗？”。然后多年统计发现，前一年压力颇大的人，死亡风险增加了 43%。但是，这个数据只适用于那些相信压力有碍健康的人。承受极大压力的人，若不认为压力有碍健康，其死亡风险就不会升高。研究人员认为，过去 8 年中有 18 万美国人的过早离世是因为“相信压力有害”这个想法。“相信压力有害”位列美国 2012 年第 15 大死因，排名高于艾滋病和谋杀。

因为产品对不同用户的效用是有差异的，因此我们在决定做什么产品或更新什么功能之前，先要讨论：我们要满足的是哪些用户？该产品代表什么情境下的什么效用组合？这个产品迭代能否结合我自身的各种优势，实现较高的投入产出比？这里的收益可以是金钱上的，也可以是流量上的、口碑上的、安全上的等。

3.2.3 产品效用与用户欲望的不对等性

产品效用对用户需求的满足程度大体可以分为四类：底线需求（不能低于），够用就好（不用高于），越多越好（愿意多支付），惊喜

（超过预期或参照系）。

底线需求

有时候用户期望的效用是“不能低于什么样的底线”。比如说网约出租车司机不能有犯罪记录；再比如夏天想喝冷饮时，希望冷饮的温度不高于某个温度。

对于这类效用，用户更在乎的是相对门槛的满足，它是一个“一票否决”式的效用，如果得不到满足，用户就不会来了。

每一个 bad case，都是一次底线不满足。好事不出门，坏事传千里，在移动社交时代更是这样。因此，一般来说，用户量大的服务型产品，成长到一定阶段后，应该追求的极致体验往往不是尽可能优质地满足用户需求，而是 bad case 数量最小化。

够用就好

有一类需求，对其满足程度的增加所产生的用户效用是边际递减的。你可能花了很大代价把技术指标做到比原来好了 5 倍，但用户感知的效用可能没增加什么。对这类需求，只需够用就好。

越多越好

有一些需求的满足对用户而言可能是多多益善的，这意味着用户愿意为更多的效用支付更大的代价。这类需求对于企业而言，做得越多，收获也会越大，理论上可以一直做到边际收入等于边际成本的均衡点，但也要比较投入的机会成本。

惊 喜

惊喜是指用户一般不会有预期和要求，但是如果你做了，也会产生增量的效用。比如你生日时到餐厅吃饭，餐厅送了你一份长寿面，并且所有店员为你唱生日歌，对你而言这就是惊喜。产品做些惠而不费的惊喜，是性价比极高的创造用户价值的路径。

我们前面提到企业要创造有利可图的用户价值，结合上述对需求的分类，我们对创造什么样的用户价值及做到什么程度或许会有更清晰的认识。

我们也看到，企业提供的产品效用和用户欲望是不对等的：用户的欲望很简单，一般来说是无限的，最好是什么效用都有，但又什么代价都不用支付，这无所谓对错，是人的先天共性。（当然，人还受后天社会影响，受信念和情境的自我约束。）一般来说，我们需要满足用户的"底线需求"，把"够用就好"的需求打磨到边际回报率最划算的那个点就停下，然后把"越多越好"的价值创造做到具有极高的投入产出比，适量提供"惊喜"。

当然，结合我们前面提到的"效用的个体差异性"，不同的用户对于什么是底线需求、什么是够用就好的需求、什么是越多越好的需求，理解是不一样的。

而满足欲望需要对应的成本投入，所以我们做不出满足人类所有欲望的产品，即使做出来也注定卖不出去或亏本。而且，人与人的偏好不同，一个人也会面对不同情境，一个人的很多需求是互相冲突的，一个产品怎么可能满足全部需求？

所以，我们一般说的研究迎合用户需求，其实指的是，在给定条件下，选择创造哪些用户价值、满足哪些用户需求更能促成交换，最适合企业的长期和短期目标，能让企业有最高的边际投入回报比。

3.2.4 产品是一组约束条件下的一个效用组合

我们前面也提到了，价值只是用户的主观判断，产品的功能和属性本身都只是交换媒介，用户从产品获得和感知的，只是一组效用，且对这些效用的评估有个体差异和情境差异。因此，有些纯粹从技术角度评估的进展，如某个数值提高了或降低了百分之多少，跟最终的用户感知效用不见得有高相关性。

所以分析产品的用户价值时，我们不要把产品当成一个整体来看，而是要拆成用户视角中的各种效用，然后来分析各种产品属性迭代对一个（或一组）效用可能的影响，进而分析预判这个效用变化对应的用户行为变化。

比如，用户打车这样一个行为，结合我们上述提到的效用的多样性，我们可以将它拆解为：满足从 A 点到 B 点的需求，还可以是满足遮挡冷暖空气或风雨的需求、省时间的需求、省钱的需求、节约体力的需求、尊重的需求，其中一个很关键、很基本的需求就是安全。而安全还可以细分为隐私安全、交通安全、支付安全、财物安全、人身安全等。

3.3 边际

边际也是理解交易模型时必不可少的概念。在产品语境下需要理解的边际概念，包括边际效用、边际效用递减、边际成本和边际利润。

3.3.1 边际效用与边际效用递减

传统经济学里，边际效用是指消费者对某种物品的消费量每增加一单位所增加的额外满足程度。边际的含义是额外增量。

简单来说，假如你连续吃了6个苹果，每次多吃的一个苹果，就是边际增量。

吃一个苹果的收益是什么？这其实和你此前吃了几个苹果或者有没有吃其他的食物是密切相关的。你吃第一个苹果时肯定很开心，但当吃到第六个苹果时，你可能就不会那么开心了，可能是因为吃撑了，也可能是因为你对这个味道感觉腻烦了。这种情况，我们便说吃苹果带来的边际效用递减了。

甚至换成挣钱的例子也是类似的，当你挣到人生第一个1 000万元时可能很开心，但是挣到第二个、第三个1 000万元时，你的兴奋感可能就不会像最初那么强了，这也是边际效用递减。（当然，边际效用递减程度也是因人而异的。）在挣到几万个1 000万元后，再多挣1 000万元对你而言的边际效用可能接近于零了。

3.3.2 边际成本

认识边际成本对企业而言极为重要。

比如制造业企业，其生产的时候一开始有规模效应，边际成本是逐步降低的。但到了某一个临界点后，其边际成本反而有可能会变高。

比如说一年能造100辆汽车和一年能造1万辆汽车的公司相比，肯定是造1万辆汽车的公司成本更低。说明在100~10 000的汽车年产量区间里，边际成本是递减的。如果大家造一样的车在市场上充分竞争，那么年产量1万辆的那个公司便会把年产量100辆的公司挤垮。

但是生产数量越多，边际成本就一定越低吗？也不一定。举个极端的例子，假设有个汽车厂需要一年造1亿辆汽车，其边际成本曲线到了某一点之后是会逐步抬升的。首先，如果需要生产1亿辆汽车，其原料供应会成问题，因为需求量巨大，可能导致原材料供小于求，工厂不得不加价采购某些原材料。其次，为了实现年产1亿辆的目标，其组织也要非常庞大，需要短时间内招聘极大量的员工，并进行分工、培训、管理，这里的边际组织成本递增会高得吓人。当然，为了能把这1亿辆车都销售出去，销售人员还要去寻找新渠道、新用户，而获客成本一般也是边际递增的。

互联网产品的拉新费用其实也有类似的边际效应。互联网获客成本最低的时候是移动互联网刚开始兴起的时候，那时获得一个用户也许就几元钱，很容易。而最近不少互联网公司的获客成本已经达到100元甚至更高。这也比较好理解，越容易转化的用户（潜在交易成本越低）肯定越先被“获取”，越往后获取的是越难转化的用户（潜在交易成本更高，转化需要的难度和成本更大）。

3.3.3 边际利润

边际利润是指在一个给定约束条件下，再多做一笔交易，增加的额外利润。

这个概念对产品很重要。比如网约车出行行业，它的边际成本和边际利润其实是比较固定的。以全职司机模式为例，对企业来说，无论是100万的司机基数还是10万的司机基数，成交一单，17~18元都是要给司机的边际成本，企业只能拿到3元左右的边际收入（其中还有相当比例会以补贴形式发给司机）。

但是有些行业可能不太一样，比如说航空业及共享单车业。以共享单车为例，单车投放后，它的成本是相对固定的，无论你骑还是不骑，其固定折旧成本、资金成本等基本都是一样的。而它每多增加一单的边际成本很低，只有少量因使用而带来的边际运维成本，所以只要新的边际用车越多，边际利润就越高。

饭店行业也是类似的模型。饭店最怕碰到下雨天，因为下雨天会少来10%~20%的顾客，看起来数量减少不多，但净利润差别非常大。因为对于饭店而言，有很多无论有没有顾客都需要支付的成本（房租、水电费、设备折旧、生鲜过期、员工薪酬等），可能需要来280个顾客才能维持收支平衡。所以如果来了300人，那么多出来的20个人的边际收入减去边际成本（菜的原料成本一般仅两三成）就是净利润。而如果来了340个人的话，那么多出来的60个人的边际收入减去边际成本就是净利润了，是来300人时的3倍。

所以经营饭店的成本是非常高的，但主要是租金、员工工资之类的固定成本，每一个增加的新订单的边际成本（主要是菜的原料）不过两三成。而网约车企业，如滴滴的边际成本占总成交额极高的比例（需要支付给司机）。因此这两者的经营模式是差别很大的。

3.4 成本

成本，从不同角度，可以分为机会成本、交易成本、边际成本、固定成本、可变成本、沉没成本、平均成本、会计成本等很多种，我们主要论述交易成本。

3.4.1 机会成本

企业为从事某项经营活动而放弃另一项经营活动的机会，或利用一定资源获得某种收入时所放弃的另一种收入。另一项经营活动应取得的收益或另一种收入，即为正在从事的经营活动的机会成本。

这就是说，由于资源（钱、物、时间、人、企业等）在同一时间只能发生一种用途 A，因此该种资源用于某种用途时，其他用途都被放弃了，而放弃的“其他用途的最高收益”，我们称为该资源在用途 A 下的机会成本。

以网约车为例，我们从机会成本的角度来分析司机的“成本”，我们会发现不同类型的司机差异很大。职业司机和兼职司机对成本的定义是有很大差别的，以至同样的订单支付给司机的“价格”可能是一样的，但每位司机计算的“利润”其实是不一样的。

对于职业司机而言，他从事其他工作的最大收入就是他开网约车的机会成本。他需要判断，是开网约车收益更大，还是从事其他职业收益更大。其对收入的诉求会比顺风车司机和兼职司机更高，他需要这份工作的收入比其他同等辛苦的工作更高。

而对于顺风车司机而言，他本来就是要去某地的（比如从上海到杭州），如果能保证顺路，其机会成本基本为零（财务上只有起终点不一致时的一点绕路接送成本)。因此他顺路多接的这一单是纯赚，他能接受的交易价格就会特别低。

3.4.2 什么是交易成本

交易成本，指完成一笔交易时，交易双方在买卖前后所产生的各种与此交易相关的成本。

在本书中和各种外部资料里，交易成本和交易费用是一回事，英文都是“transaction costs”。当然，跟很多社会学名词一样，对于交易成本的具体定义，还没有举世公认的标准，存在一些差异。

诺贝尔经济学奖获得者科斯认为，交易费用是获得市场信息、谈判、订约、监督等活动的费用，并认为企业的管理费用和市场交易费用决定了企业和市场的边界。

诺贝尔经济学奖获得者阿罗定义，交易费用是经济系统的运行费用。

巴泽尔定义交易费用为与权利的转让、获取和保护相关的费用。

沃利斯和诺斯将经济活动分为交易活动和生产转换活动，并据此将经济活动中的费用分为交易费用和生产转换费用，给出交易费用的范围是衡量交换物之价值的成本、保护权利的成本和监管实施契约的成本。

张五常认为，交易费用包括所有在鲁滨逊似的一人世界不可能出现的费用，交易费用就是制度费用。

诺贝尔经济学奖获得者威廉姆森将交易费用分为事前的交易费用和事后的交易费用。他认为，事前的交易费用是指由于将来的情况不确定，需要事先规定交易各方的权利、责任和义务，就要花费成本和代价；事后的交易费用是指交易发生以后的成本，它可以有许多形式。

从“企业和用户以产品为媒介交换价值”的角度来看，在这个交换中，用户的获利是“效用减去成本”。这个过程中，用户得到了“效用”，即各种主观的用户价值，一个效用组合，同时也付出了“成本”，从某个角度可以分为直接成本和交易成本。直接成本一般是钱或时间，其他所有为了达成交换而付出的显性和隐性成本都算交易成本。

同时，在这个交换中，企业的获利是“收益减去成本”，得到了用户的钱或时间（得自用户的时间、注意力、信息、态度等间接变现），同时也付出了“成本”，大体可以分为直接成本和交易成本。直接成本是产品的研发生产成本，其他所有为了达成交换而付出的成本都算交易成本。

从上述论述中我们可以看出，交易成本的本质是，所有用户（买方）付出的但企业（卖方）没收到的成本，以及所有企业（卖方）付出但用户（买方）没收到的成本。

具体到特定行为的交易成本，差别很大。比如，学生找工作的交易成本包括：搜寻招聘信息、收集各种评价、设计履历表、通信、交通、住宿、面试、议价、毁三方协议等消耗的所有金钱、时间、精力、名誉等。等到上班后，假设他月薪1万元，但企业实际付出1.6万元，员工到手7 300元，这中间的差价为8 700元，就是企业购买员工劳动的部分交易成本。

其中，用户侧付出了大量不可货币化计量的交易成本，企业侧付出的不可货币化计量的交易成本虽然少些但也有，还包括很多双方主观上认知不足的交易成本。

如果不用考虑信息搜寻、度量、议价、订约、执行、监督、权利保障等所有前因后果成本，双方一手交钱一手交货，那就是零交易成本完成交换。但零交易成本这种现象，就像物理学中假设摩擦力为零的真空状态一样，在现实世界并不存在。

3.4.3 为什么产品经理需要关注交易成本

德鲁克曾经提过：如果我们想知道企业是什么，我们必须先了解企业的目的，而企业的目的就是“创造顾客”。那个年代叫顾客，现在叫用户。有交易才有用户，创造用户就要创造交易，即促成潜在交易。

企业因获利机会而存在。企业的日常职能是交换：选择合适的用户价值，更高效率地生产，降低交易成本，更多促成与用户交换，可持续地创造交易，并使企业和用户双方可持续地获益。

产品经理在一个企业中可能会承担需求、生产、销售、协调职能中的一部分，至于是承担其中哪一个或哪几个职能的全部或部分，取决于业务特点、企业文化、外部大环境的影响。

但我们考察产品，不仅要考察用户价值，还要考察为了达成价值交换，各方支付的所有成本，尤其是交易成本。因为交易成本的体现大多不直接，因此在生活中容易被人们忽略掉。对交易成本的理解和分辨有助于产品经理更清晰地思考“成本”和“交易模型”。

新制度经济学认为，单位交易费用的下降会带来交易方式和生产方式的变革，从而导致市场规模的扩大和经济显著增长。诺斯则用交易费用来衡量制度的有效性，并提出降低单位交易费用会提高制度的效率，他认为，制度变迁才是经济发展的真正原因。

而交易成本的数值之高往往被人忽略。张五常在《从交易费用到制度费用》中提过：“我们今天的社会中，交易或社会费用很庞大，往往占国民收入一半以上。”甚至有种说法是，香港目前的交易费用占比可能高达70%。律师、法官、银行、公安、经纪、经理、公务员等职业，实质上就是某种意义上的交易费用（主要是保障类交易费用）的体现。

经济学家盛洪在《移动互联网的经济史性质》一文中，第一次尝试用交易费用概念分析了移动互联网创造的部分价值。

（移动互联网使）交易费用明显下降。如今，人们可以坐在家里或车里，轻点手指，在几分钟之内完成一次电商购物并要求送货上门。相对于传统的交易，即走到商业中心，在多家店中选择比较（选择范围远不如电商大），选定后讨价还价并付款，最后携带购买的商品回家，说网上购物只付出了原来 1% 的交易费用并不为过。

……

移动互联网带来的交易量包括两个部分，一部分是替代效应，即对原有实体交易的替代。这是因为，如果网上购物的交易费用是实体购物的 1%，即使价格一样，人们也会选择网购；更何况，交易费用的节约还可以表现在商品或服务的价格上，更低的价格也会促使人们用网购替代实体购物。

另一部分则是新增效应，即由于交易费用的下降，使得原来因交易费用太高而不能实现的交易得以实现。（某次交易中交易成本的大小，在某种意义上也可以等同于我们通过改变交易方式而实现的收益空间。）……例如，通过交易将某资源从甲用途转移到乙用途可获得 10 元的收益。如果实现这一转移的交易的费用从 10 元降为 5 元，显然会给交易双方带来 5 元的额外收益。然而这一交易费用的降低更重要的意义在于，它使所有收益在 5 元以上的转移资源的交易都变得有利可图，从而使整个社会的资源配置得到改善。这既会使用户购买以前不买的商品，也会使他们多买以前买的商品。

3.4.4 交易成本概念的源流

“交易”是康芒斯首先提出的一个独特的概念，他这样解释：“我一直在设法解决可能用什么作为研究的单位，这种单位要包括冲突、依存和秩序这三种成分。经过许多年，我得到结论，认为它们只有在一种叫‘交易’的公式里能结合在一起，与商品、劳动、欲望、个人和交换这些旧的概念不同。所以，我用‘交易’作为经济研究的基本单位。”

事实上，康芒斯提出，“交易”就是经济活动的最基本形式。

“交易是所有权的转移。”在康芒斯看来，交易是个人与个人之间对物质的所有权的让与和取得。康芒斯之所以如此重视所有权的转移问题，是由于他认为所有权是经济活动的基础，“不先取得合法的控制权，生产和消费就不能进行”。

科斯受康芒斯的交易概念启发，进而提出交易成本的概念。但科斯的主要贡献是提出概念，把交易成本概念系统化的工作是威廉姆森做的。威廉姆森最先把新制度经济学定义为交易成本经济学。

威廉姆森认为，对于“机会主义”的认识，是他对经济学的首要贡献之一。威廉姆森把人一有机会就会不惜损人而利己的“本性”称为机会主义。人的这种本性直接影响了以私人契约为基础的市场效率。市场上交易的双方不但要追求自己的利益，还要随时提防对方的机会主义行为。每一方都不清楚对方是否诚实，都不敢轻率地以对方提供的信息为基础，而必须以自己直接收集的信息为基础做出交易决策。

因此，机会主义的存在使交易费用提高。交易越复杂，交易费用提高的幅度也越大。一切足以提高市场交易费用的其他因素都是通过人的机会主义行为才使交易费用上升的。

3.4.5　交易成本的来源

威廉姆森曾指出了交易成本的六项来源。

有限理性（bounded rationality）：进行交易的人，因为身心、智能、情绪等限制，在追求效益极大化时受到限制和约束。

投机主义（opportunism）：参与交易的各方，为寻求自我利益而采取欺诈手法，同时增强彼此的不信任与怀疑，因而导致交易过程监督成本增加而经济效率降低。

不确定性与复杂性（uncertainty and complexity）：由于环境因素中充满不可预期性和各种变化，交易双方均将未来的不确定性及复杂性纳入契约中，使得交易过程增加不少议价成本，且交易困难度上升。

少数交易（small numbers）：某些交易过程过于具有专属性

（proprietary）、异质性（idiosyncratic），信息与资源无法流通，从而导致交易对象减少及市场被少数人把持，市场运作随之失灵。

信息不对称（information asymmetric）：因为环境的不确定性和自利行为产生的机会主义，交易双方往往握有不同程度的信息，使得市场的先占者（first mover）拥有较多的有利信息而获益，并形成少数交易。

气氛（atmosphere）：交易双方若互不信任，且又处于对立立场，无法营造一个令人满意的交易关系，将使交易过程过于重视形式，徒增不必要的交易困难及成本。

从产品角度，我们可以把交易成本的来源概括为：信息不对称，信息不确定，信息不完整和信息有成本。

信息不对称：当交易中的一方有别人没有的信息，我们说，信息是不对称的，否则信息是对称的。

信息不确定：如果在交易过程中至少一方当事人选择行动之后才揭示相关信息，那么信息就是不确定的，否则信息就是确定的。

信息不完全：若在交易开始时，某些相关信息至少不为一个当事人所知，信息不完全就产生了。

信息有成本：信息有分散性和主观性，信息的认知、发现、收集、处理、传播、鉴别与吸收都有成本。

所以，最能降低交易成本的手段通常是信息相关，这就是信息科技产品严重改变人们生活和行为方式的原因，也是互联网公司市值高的原因，它们的产品极大地降低了一些交易成本。（分析一下各知名产品，很容易理解它降低了什么交易成本。尝试应用交易成本分析一下自己负责产品的一个具体功能或策略，看看它的具体影响。）

信息越不对称、不确定、不完全，产品质量越难度量，契约的不完全程度就越高，交易参与者就越可能表现出不同的行为，结果就是契约不完全性和市场结构的对应。信息不对称和产品质量的可度量性，严重影响我们设计市场结构，很多互联网产品的设计就是利益交换系统的设计，其实就是市场设计。

3.4.6 交易成本的分类

交易成本在传统上有三类：市场型交易成本（买卖交易），管理型交易成本（组织内管理交易）与政治型交易成本。产品经理只有在市场经济环境中才能发挥较大作用，所以主要关注的是市场型交易成本。

而市场型交易成本主要分为以下三类：

（1）搜寻（商品和交易对象）成本和度量（交易对象和商品的属性）成本；

（2）寻价（议价比价）成本和决策（决策和订立契约）成本；

（3）实施成本和保障（权利、违约、意外、监督等）成本。

搜寻成本很容易理解，比如搜索引擎和电商出现之前，你要快速找到所需的信息非常困难，需要耗费很多的时间甚至金钱成本；再比如音乐的个性化推荐出来之前，找到一首喜欢的好歌需要耗费很多的“试错成本”，需要各大榜单挨个听，上各种论坛淘。而音乐的个性化推荐出来后，用户的搜寻成本少了很多；feed 流（一种给用户持续提供内容的数据形式）推荐引擎对搜索引擎的部分替代，也可以从搜寻成本的角度解释，因为对于某些内容，推荐引擎能帮助用户极大地降低搜寻成本。有兴趣的读者可以思考一下，网红带货降低了什么交易成本?

我们可以从另一种产品分类角度看交易成本。大约 60 年前，有人根据信息不对称程度，把消费品分为搜寻品、体验品、信任品三类。

搜寻品是指质量信息确定性高的产品，比如新款 iPhone（苹果手机），在淘宝、京东、拼多多、苹果店买到的产品质量一致，只需搜寻比较其他价值。

体验品是指需要使用体验后，才知道质量的产品，比如一箱橙子、一次服务。

信任品是指消费者即使在使用后也无法验证其质量的产品，比如有些美容品和保健品。很多低频产品和小概率事件的体验，因为没机会实践验证，所以通常也是靠心智认知和想象来判断和做决策，特别典型的如与凶杀可能性相关的安全感。

以网约车为例，对于极端情况的安全感是绝对的信任品。企业说已经改善了十倍百倍，但一个人无法通过使用体验来实践验证和修正这方面的主观信念，永远是按他的心智认知和想象来判断和决定他的（打车）行为。对于归类于信任品的效用，当产品与之相关的功能属性发展成熟到一定程度后，如果用户的信任感依然远远偏离客观事实，就应该考虑同时从增加用户信任感的角度做一些项目。

如果我们能将产品标准化成“搜寻品”，消费者的决策过程的交易成本会大幅降低，那么便能促成更多的交易。

关于交易成本，有一个例子是吃自助餐。用户购买一份自助餐，付出了一次性费用，然后他可以按照自己的意愿随便吃，很多人会吃到他实在不想吃的程度（消费到他最后一口的边际价值是零的时候）。这样会存在浪费，但为什么还有很多自助餐厅能赚钱呢？因为，一顿自助餐的服务节省了监督、度量、讨价还价、点菜算账等交易成本，只要节约的交易成本大于浪费的食物成本，企业经营这个业务就有利可图和可持续。

自古以来，交易对象和商品质量的度量成本常常很高，一旦有新的有效度量方法问世，往往能大幅降低交易费用，促成无数新交易，使市场扩大。互联网时代广泛应用的用户评价，如淘宝店铺评价、大众点评餐厅评价、豆瓣书评影评、携程酒店评价等等，就降低了很多交易的度量成本，也因此促成很多新增交易。

产品经理职业的度量成本就特别高，如果出现有效度量方法，必然也会大幅降低交易成本，促成无数新交易，并促成无数正确的人入行，促成更多企业放心聘用更多产品经理，最终使这个职业有一波大发展。

3.4.7 降低交易成本的例子

标准化

把商品标准化，是常见的极大降低交易成本的方法，能促成大量被度量类和寻价类交易成本阻碍的交易。

埃塞俄比亚商品交易所的核心是一个匿名的咖啡豆分级系统，其中专业品尝师对每批准备出售的咖啡豆进行样品提取和分级。咖啡豆的标准化极大地降低了交易成本，使得无数潜在交易双方的净收益由负转正而促成交易。

19 世纪，芝加哥一个私人交易委员会把谷物变成了抽象商品，让美国中西部的谷物从一袋袋质量差异较大的混合物，变成同品质商品，能够只用数量来计算，极大地促成了无数潜在交易，甚至不用等到谷物成熟再交易，一个农民可以在一年中的任何时候出售谷物，用金融工具交易，这就是现代期货市场的起源。

2016 年时的滴滴专车司机有七八成经过认证和两三成未经认证，我们觉得混合供给是得不偿失的，宁愿放弃两三成供给也要变成全认证。

从经济学里交易成本的角度，很容易找到这个问题的答案。把供给品尽量变成标准品，降低了度量成本，降低了不确定性带来的决策成本和保障成本。现在我们在某些业务上比较强调追求“确定性”，用交易成本理论分析，其实就是降低各类交易成本的有效手段。

智能手机的普及减少了排队带来的交易成本

从经济学角度来看，排队的代价很高（时间成本），但智能手机的普及其实已经在很大程度上改变了某些场景中的这种情况。

排队的直接损失是浪费时间，但浪费时间的具体代价是什么、是多少，却要锚定这段时间的机会成本来对比。现在排队的时候可以使用智能手机，可以阅读、看视频、玩游戏、通信、工作。如果不用排队，一个用户会把省下来的这段时间用来干什么？如果他还是会用来做这些一模一样的事，那其实排队也没有什么损失。

因为智能手机导致排队代价的降低，其实等于降低了排队相关的交易成本，使得某些新的交易（商业机会）成为可能。滴滴快车的排队功能、海底捞、喜茶等都受益于排队成本的降低。因此，从某种意义上来说，海底捞和喜茶等以排队为突出特征的业务可能是智能手机的重度受益者。

链家真房源

在房产交易中，中介为了获取流量，会虚假标注房源信息及价格。而房源的不确定性会极大增加消费者的交易成本，比如为了甄选真正的房源及判断其对应的价格，用户可能需要多次拜访中介和看房，与中介多次沟通才能获得自己所需的交易信息。

链家及贝壳的解决办法是采用较大的人力去保证房源的真实性和实效性（包括真实存在、真实图片、真实在售、真实价格），由专门的线下人员去搭建和定期维护楼盘信息的真实性，耗费近6亿元搭建起“楼盘字典”体系，并且做出“假一赔百”的服务承诺。

在某种意义上，链家及贝壳的措施帮助用户在选房购房决策过程中减少了很多交易成本，帮助平台增加了更多原来不可能发生的交易。

当然在这个过程中，链家为了保障房源的真实性，也付出了非常大的代价并产生了另一些新的交易成本，从内部的治理体系及团队的搭建，到线下查勘验真的人员及机制筹备，再到发生问题后的定责及赔偿，这些从某种意义说算是为了完成真房源交易付出的实施成本和保障（权利、违约、意外、监督等）成本。

当然，提供真房源后，消费者最初其实是不理解、不接受的，因为链家的房子比其他“非真房源”平台的房子要贵。且消费者最初并不相信这个市场是有真房源的，不少人认为链家在卖的是贵一点的假房源，因此链家的流量迅速大幅下降。

但一段时间后，消费者发现，选择链家能节省自己极大的交易成本，出于理性，消费者最终还是会回归链家。并且这样的交易成本节省也逐步转化成了链家的口碑，而这样的口碑又帮助链家节省了大量获取用户的交易成本。品牌和口碑在某种意义上对企业及消费者而言就是对交易成本的巨大节省。

表 3–1 链家与其他中介平台的交易成本比较

类别	用户在线上看到的价格	用户线下看房时的情形	交易成本
链家 / 贝壳	300 万元	300 万元	线上快速搜寻选择成本
非真房源平台	250 万元	抱歉，这个房卖完了。你要不要看看其他的房	线上搜寻选择的成本 + 线下协商成本 + 因房源不真实而带来的多次看房的交通成本……

原来因为用户侧的搜寻度量交易成本过高而没有成交的交易，当链家用新方法降低了这部分交易成本之后，一部分边际交易转化了，交易成立了。

新成立的交易中，不论因为新方法产生的新交易成本有多少，加上直接成本后的双方各自总成本也一定是小于 100% 的（如果有一方的总成本大于 100% 就亏本了，就不会交易），双方预期都有净收益。链家的新交易成本有多高并不重要，如果预计能赚钱，就多高都没关系，如果会亏本，它就不会继续，最多去跟机会成本比较，看要投入在哪里更有利可图。

线上化

最近几年，各行业的服务和交易全链路的线上化越来越多被提及，如果你面试一个做 SaaS（软件即服务）的产品经理，问其做的事情提供什么价值，他大概率会和你说在解决提升企业效率的问题和帮助提供决策依据。

但我们更需要思考的是，为何数据线上化、交易线上化及服务线上化可以提高效率和帮助决策。以下这个小例子是来自餐饮业的故事。

从 2016 年开始，有不少餐饮企业能拿到较大的明星创投企业的投资，不少餐馆也开始批量上市？其中有很多原因，既包括中央厨房理念的普及、餐饮标准化建设能力的提升等，也和消费者的诉求在提升及消费升级有关，还有一个原因在于移动支付。

原来的餐饮业不容易在资本市场拿到投资，很关键的原因是要核查其收入的真实性非常困难。因为其整个交易链路从最上游的采购及工资结算，到最下游的消费收款都很可能是线下现金交易，投资者核查、监督、权利保障的成本无限高。

而交易及支付线上化后，餐厅的每一笔收入都变得可核查、可追溯。对于股东而言，确认业绩真实性的交易成本大幅度下降，因此才有了后续的餐饮业融资潮及上市潮。

餐饮业的线上化故事还在延续，二维火等餐厅赋能工具的引入，帮助餐厅完成了点菜甚至用户画像的线上化和数据化，可以分析什么样的菜更受欢迎，甚至什么样的用户是目标用户，餐厅管理者因而可以进行更便捷理性的决策。这相比于在未线上化情况下，要设计一套调研机制，询问大量用户，才能根据线下统计数据得出一定结论，无疑节省了巨大的交易成本。

抽成？工资？还是买断制？

张五常的著名论文《佃农理论》中提到，如果不考虑交易成本，定额合约（即农民花一笔钱买断土地数年的使用权）、分成合约（即抽成）与工资合约对地主和农民双方来说最终的结果是一样的。

滴滴目前常用的结算制度是抽成制度，那么是否有可能尝试采用工资制或者买断制呢？还是可以从交易成本的角度来做一定程度的分析。

如果采用工资制，司机多劳未必多得。滴滴的订单不同于客运等较规律的出行方式，在时空上有较大的分散性，因此平台需要负担较大的监督成本，如司机可能会减慢开车速度以减少接单数量，或停留在订单较少的冷门区域以减少接单等。平台为了监督规避此类问题可能需要付出很大的交易成本。

而如果采取买断制，即支付一大笔费用后平台便不在交易中抽成，又会怎样呢？

首先，因为采用买断制会先支出一大笔费用，且司机对订单的获取没有 100% 的把控力，因此交易双方会在订单数量不及预期时付出很多因议价、谈判、平息不满带来的交易成本。而未买断的司机会担心和怀疑平台偏袒买断了的司机，也会引发新的交易成本。

其次，因为买断制是一次性付费，之后持续履约，一旦已经有一批人签署了买断合约，平台如果想进行价格调整和促销的话，也会付出很大的用于沟通的交易成本。

最后，买断合约的价格很难确定，因为这样的价格会导致逆向选择。往往只有自身跑单能力远超买断合约的定价所对应的流水基数时，司机才会选择购买。但这样的购买实际上对其他司机更不利，业务逻辑更复杂。

目前较大范围采用的抽成方案虽然不完美，但对网约车行业来说，相较于另外两种分润模式，似乎交易成本更低些。

当然，网约车场景其实复杂且多元，每个城市的生态都有差别，在不同的商业模式及不同的司机生态下，诉求是多元的，交易成本也会有差距，因此还要具体案例具体分析。

3.5 供需定律

供需定律是描述市场供需和价格变化的基本规律，当需求大于供给时，价格上升，当需求小于供给时，价格下降。在实践中最常用的表述是：在其他条件不变时，价格下降，需求上升。

以下是几位经济学家对供需定律的相关描述。

- 曼昆：价格与需求量之间的关系被称为需求定律。在其他条件不变时，一种物品的价格上升，对该物品的需求量减少；一种物品的价格下降，对该物品的需求量增加。价格与供给量之间的关系被称为供给定律：在其他条件不变时，一种物品价格上升，该物品供给量增加；一种物品价格下降，该物品供给量也减少。

- 斯蒂格利茨：在竞争市场中，价格是由供求法则决定的，实际价格倾向于均衡价格，即供给等于需求（市场出清）的价格。
- 张五常：在经济解释的范畴内，需求定律是我知道的唯一不可或缺的理论，需求定律是经济学的灵魂。需求定律是说，在其他条件不变时，任何物品的价格下降，其需求量必定上升。

以出行行业而言，一旦给乘客降价，乘客数就会增加；如果给司机增加补贴，司机总在线时长就会增加。但很多人会陷入一种误区，忽略了“其他条件不变”这样一个前提条件。因为现实世界是永恒变化的，所以本质上“其他条件一直在变”，于是，每一次行为的实施，除价格这个关键因素外，也受其他无数关联因素的共同影响（有时影响小，有时影响大）。

我们在不少产品线探索中，也发现有时候并不是相较于竞品和替代品更低的价格就能吸引用户，增加补贴后用户就会来不是永远正确的。

比如有个螺蛳粉店老板搞了免费试吃活动，他与其他餐饮替代品相比绝对已经算便宜的了，那么他一定能把所有的用户都吸引来吗？这是不一定的，有的人可能不知道这个活动信息，所以不会来；有的人可能因为螺蛳粉店距离自己住的地方太远了，所以不想来；有的人对螺蛳粉的味道比较抵触，又怕它不健康，这种认知偏好或偏误也会导致不少人不愿意来。

我们讨论供需定律时一定要分辨清楚其他的约束条件是否发生了改变，而不要简单地把“价格下降，需求上升”当作永恒不变的真理。

关于供需定律的研究和资料汗牛充栋，读者可自行找资料继续学习。限于篇幅，本书不做深入阐述。

3.6 相对价格

人间第一定律：其他条件不变时，相对价格降低，需求量上升。

相对价格 =（直接成本 + 交易成本）÷ 效用组合

粗看此内容跟需求定律一样，表面差别只在于它强调的是“相对价格”。

人间第一定律是方便产品经理分析产品的工具，起这个名字是因为它的强大解释能力。它跟需求定律的区别，一是把价格（支付的代价）明确地细分成了直接成本和各类交易成本，二是把“默认不变的商品”这个抽象概念明确地定义成了用户视角的产品效用组合，也就是把“在其他条件不变时”经常变化的“产品变化”也考虑进来。

站在用户角度，只要产品的效用组合增加，产品的相对价格就降低；直接成本降低或交易成本降低，产品的相对价格也降低。而产品的相对价格降低，用户的需求量必然上升。这个相对价格公式，与用户价值公式一起，可以作为产品经理的两个日常分析工具。

交易成本是达成一笔交易所要付出的全部成本中，除交易对象的直接收入以外的部分。只有一方的时候没有交易成本，只要双方交易就有交易成本。一般来说，同样的交易，在越发达的社会，交易成本越低。（但越发达的社会，交易成本占成交总额的比例越高，这是因为，发达社会的大量新增交易在落后社会原本是无法成交的。）交易成本过高时，交易不会发生，某一个交易成本如果降低到低于阈值了，交易就会发生。

一个革命性的新技术被应用到新产品时，可能新创造出很大的效用组合，于是相对价格大幅降低，需求量就大幅上升，产品用户规模快速增长。然后，产品发展过程中，每降低一些交易成本，就能转化一些用户。而当产品已经有了 1 000 万用户，那第 1 000 万个用户以后的无数潜在用户为什么没有被转化？往往是因为那些潜在用户被各种各样的交易成本阻断。只要降低一点某一种交易成本，就能把被这种交易成本阻断的用户转化过来，这可以理解为促成边际交易或转化边际用户。

智能手机出现之后，我们暂时还看不到下一个巨大新要素，未来一段时间内蓝海比较少，主要就是红海时代，比较适合用这个人间第一定律去分析产品。可以通过追加效用组合、改变效用组合或降低各类交易成本来降低产品的相对价格，实现用户增长。

4.

决　策

决策是对行为的选择，是从几种备选的行动方案中做出最终选择，选择做什么或不做什么。人们做出决策是为了达到目标，而这些决策又基于人们对何种行为能够达到目标的信念。

4.1 理性决策

产品经理的工作由各种决策组成，包括以最常见的“要不要做”“怎么做”为代表的决策问题。好的决策，应该是通过科学方法做出的具有相对高确定性的理性判断，光靠直觉反应或感性判断是不够的。本节主要介绍适合产品经理的一般理性决策方法。

4.1.1 人类的决策天生就是不理性的

决策是指在收集、加工信息之后，借助一定工具和方法，进行分析、计算、判断，并得出结论的过程。但人的精力和能力有限，在信息获取与加工、分析、判断等环节，天然就有各种限制、偏差和不确定性，主要体现在以下几方面。

信息获取能力有限，比如：搜寻信息受成本约束——获取更全面的信息需要付出更高成本，追求绝对全面的信息，成本可能会无限高；受认知偏误影响——人是选择性获取和解读信息的，会有认知偏误，做出非客观理性的判断；信息过载——非必要信息过多，有可能会让决策变复杂；第三方可能有意或无意误导——第三方对信息的加工和解读本身就有可能偏离客观事实。

信息处理能力有限，主要体现在：人脑的计算能力有限；部分记忆存在偏差；人的认知存在缺陷，本能算法和经验算法会导致各种偏误。

禀赋偏好导致的个体差异。禀赋、资源、偏好、情境、欲望、情绪、信念等的差异，均会导致各种效用和价值判断存在个体差异，以及对他人需求和态度的判断存在差异与偏误。

环境的不确定性导致决策偏误。各种事物关系复杂，环境也会变化，变化本身又存在不确定性，这些均会导致判断偏误。

上述各种人类自身能力的限制及外界因素的不确定性，均会导致非理性决策。

4.1.2 理性决策的三要素

理性决策的三要素，按重要性由高到低依次是：理性的信念、理性的目标、理性的行动。

理性的信念即与真实世界一致的信念，也可以理解成“对自我认知的认知”。我们要对自我认知保持怀疑和反思：关于某个决策所需的完备信息，我的认知程度可以打几分？可能用什么方法，值得付出多少成本来获取哪些信息？我可能存在哪些认知偏差？人类最大的理性，是理性地理解自身认知能力的局限性，除此无他。

理性的目标应该是约束条件下的价值（总效用）最大化。我们应保持对当前目标的反思：我的目标（或任务）理性吗？为什么不能是其他目标呢？从确定这个目标到现在，有什么关键变量（约束条件）已发生变化或将会发生变化？

理性的行动是在给定目标下，寻找最优解决方案。

现实中，没有刻意训练过的产品经理，大多数人都仅徘徊于第三项：寻找最优解决方案。但前两项更重要，如果第三项有所成就，决策的边际收益更依赖前两项。目标如果错了，在错误的目标下得到的最优解，跑得越快，也只是错得更多。如果对相关问题的认知缺陷很严重，就只能定出自以为理性，实际却谬以千里的目标。

4.1.3 决策即选择

决策就是选择，是在多个可行方案中选择最佳方案。所以我们需要训练模拟推演各种可能性的发展过程和结果的能力，以及在多个方案中做复杂价值判断的能力。

产品经理做决策前，首先需要列举各种可能性，应具备思考的广度。在产品文化优秀的产品团队中，应该要有异见收集机制。团队带着批判性思维充分讨论，可弥补某个产品经理在思考广度上的欠缺。其次，要在多个可能性方案中做综合权衡。

价值判断不仅仅是遵循“用户至上”就够了，因为“用户至上”天生是行不通的。很多人，无论是用户自己还是产品经理，对“用户价值”“用户体验”的理解可能不同，不同用户群体的需求和利益也有矛盾和冲突。我们要满足谁，不满足谁？或在不同情境下分别向谁倾斜呢？

用户和企业的利益也有冲突，单边倾斜做成的产品，是不可持续的。而互联网产品做大后都是平台，就会涉及产品生态链上无数第三方的利益，这之间的冲突就更复杂。甚至同一群体的用户的多个需求之间也会有矛盾，我们怎么选择才能让他们满意呢？

上面的问题，都是我们必须要回答的。产品经理的工作核心，最终都是权衡。

产品经理是做权衡的，不是做“设计”或“创意”的。或者说，我们中的很多人可能对“设计”存在误解。广义的设计，是对整个系统加以改变。无论什么领域，建筑、消费品、在线服务，设计都是要放在系统背景下考虑的。如果把“设计”狭义地定义成好创意、自我表达、好审美等等，其实是只选择去满足一小部分用户的诉求，只能在小众市场成功。而互联网产品做大后都是平台，就不适合运用创意思维和设计师思维了，需要适当引入经济学思维，习惯于权衡取舍，追求整个系统的效率。当然，也会有著名的现象级产品宣称自己遵从这类狭义设计理念，一般来说那可能是因为产品遇到了一轮巨大的新要素红利，本身已创造了巨大用户价值，其他因素的影响权重都降低，随便怎么做都锦上添花。在这种情况下，好的审美或交互当然有市场价值，但它们其实不会左右产品的成功与否。若产品本身已成功，创始人或管理者无论怎么解释，不论他是真这么想还是为了营销，历史也不能重演，第三方也就无法证伪。

4.1.4 决策的目标：价值最大化

前文已讲过，用户价值 = 新体验 – 旧体验 – 替换成本，产品经理可以用这个公式，来指导决策。

产品经理应追求新体验最大化

将新要素引入原有生产方式或生活方式，如能有效应用，即可创造大量新价值——这也是创新的本质含义。历史上，计算机、互联网、智能手机、移动支付，都是重大新要素。产品经理的职责，就是加速新要素的应用与普及。

新要素不仅限于新技术，也包括新人群（如有些产品要下沉到三四线用户）、新渠道（如公众号、小程序、抖音）、新方法（如 AB 测试、产品驱动、数据中台等）、新工具（例如工作中用到的生产力工具，iPhone、钉钉、维基百科、谷歌等都可创造更好的新体验）等等。

新要素的影响可叠加。比如引入“流水线”这种新方法之后，汽车生产效率大幅度提升，汽车价格下降。用户的价格敏感度是呈金字塔形分布的，越往底部下沉，用户量越大，“流水线”这个新要素就带来汽车用户量的大幅提升。“汽车普及的浪潮”继而又成为新要素，使得开设在郊区的沃尔玛这种商业模式成为可能（市中心百货大楼的商品价格中很大一部分是租金，郊区租金很便宜，郊区沃尔玛的商品也相应地很便宜，但在汽车普及前这种模式不可能成立）。商家通过各种降低成本的方法，可以为用户提供性价比更优的商品，于是创造了更好的新体验。

新体验不限于新要素与旧要素的结合，旧要素与旧要素的新组合，也可以创造新体验。

产品经理应将旧体验最小化

旧体验是已发生的历史经验，或是别人的产品，产品经理当然没能力去改变旧体验。所以，产品经理将用户的旧体验最小化，靠的是选择特定情境下的用户和选择用户的参照系。用户不是自然人，而是需求的集合。需求是可以从各个角度无限细分的，将旧体验最小化，本质上是选择旧体验最差的被替代品的用户。

极端情况之一是产品面向整个行业的“完美新用户”，这类新用户没用过同类竞品，对于同类产品的旧体验为零，寻找这样的新场景和新用户是性价比最高的。此时，即使你的产品体验做得比竞品差也没关系，因为新旧体验差太大了。

举个例子，假设早期搜索引擎 A 与 B 竞争时，某个月 A 增长了 200 万新用户，其中 100 万是用过 B 或其他搜索引擎的，另外 100 万是从未用过搜索引擎的，但只有后者是“完美新用户”。这两类新用户反映在公司的业绩月报和财务报表上是一样的，都是增长了 100 万用户或增加了多少成交总额，但是，产品给这两类用户创造的用户价值却有天壤之别。

对于用过其他搜索引擎的新用户，他们感受到的新旧体验差是有限的（在一个充分竞争的行业里，竞品的技术和产品一般是逐渐接近的，拉开的差距不会特别大，除非是新技术应用初期），他们对 A 公司的产品和品牌的认同度就不会高出很多。

而后一类“完美新用户”感受到的新体验与旧体验差值特别大，往往会满怀感激和认同，对产品和公司品牌产生光环效应，有较高概率会成为最忠诚的用户，会主动进行口碑传播，未来还会充分信任和积极接受该公司的新产品，他们是公司的品牌价值和长期市场竞争力的重要来源。

而且，一旦成为 A 搜索引擎的完美新用户，他下次再有机会用上 B 搜索引擎时，用户价值的感知是以 A 搜索引擎的旧体验为参照系的，对于大多数人来说，从日常简单搜索应用是很难感知出这个新旧体验差别的，于是这些新用户就很难再流失。A 搜索引擎还可以在很多产品细节上做针对性的优化，让用户使用某类关键词搜索时认为 A 的体验明显比 B 好。

还有一个重要影响是，大众用户对于什么是搜索引擎的理解是市场建构的，并不会遵从工程师标准或媒体专家标准——如果大众用户先用到 A，先体验到 A 的一系列垂直搜索和产品体验优化，先以 A 为标准建立了搜索引擎概念标准，当他们后来再用上 B 时，只会认为 B 这个搜索引擎好差，感觉哪里都不好。

“完美新用户”概念带给产品发展路径的一个方法是：一种全新种类的产品出现早期，不一定只能做首创发明者，即使是模仿者、后来者也会有机会。一旦产品的用户价值被验证（不要追求大版本和完美功能），应该最快速地提高市场渗透率，把所有“完美新用户”的新体验都变成旧体验，之后竞品再想抢市场就很难了，因为它会面临把“新体验与旧体验之差”做到大于“替换成本”的问题。

有同事提过一个产品方向决策问题，他发现某个新方向可能有不错的机会，但不能借力于现有成熟优势业务，企业的精力和资源有限。他应该选择围绕成熟优势去拓展业务，还是选择新方向、新产品？这个问题如果用“新体验–旧体验”的理论可以这么解释：如果潜在需求量较大，且看到有一种新要素（不论是降了某种成本还是提高了某种效用）导致未来市场是成长型市场，那么企业有没有优势不重要，只要去做了，先发优势就会成为最大的优势，可以把自己先变成旧体验。

极端情况之二是垄断。用户没有别的选择，相当于旧体验为零。此时，即使大家都在骂这个产品难用，也依然会用。不是只有市场份额的独家垄断或寡头垄断才叫垄断（为便于大众理解，这里依然沿用市场份额的伪垄断定义，但学过经济学就会明白，除了垄断行为，只有强制准入限制才是真垄断），因为产品有情境性，所以在任何场景下只要让用户没有选择，就形成了局部垄断，创造了旧体验为零的场景。比如，本来你在货架上的可口可乐和百事可乐中选一种时，获得的是心理上的两者体验差值，但当一个加油站连锁超市或者一个连锁餐饮店只卖百事可乐不卖可口可乐，这就形成了局部垄断，这时你只能选择喝百事可乐或不喝可乐，这个用户价值的差值是巨大的，用户难以拒绝。

产品经理应将替换成本最小化

最常见的替换成本是认知成本、获取成本、使用成本，而广义来说，价格和所有交易成本也都是替换成本。一般来说，产品经理要么降低自己用户的替换成本，要么提升自己用户的流失成本（相当于提高了竞品的替换成本）。

认知成本包括品类认知（如了解触屏手机）成本、品牌认知（如了解苹果、华为、小米）成本、美誉度认知（如口碑评价）成本等等。

获取成本包括渠道（如公众号、小程序、App、二维码）获取成本、下载成本（如减少安装包大小）等等。一个极端的例子是捆绑安装，此举大幅降低了替换成本，但依然受新旧体验差影响（若产品太烂，相对市场平均水平是负体验，用户还是会走）。

交互视觉成本就属于使用成本。越简洁易用，使用成本越低；越沿袭原有用户的习惯，使用成本越低；极端情况下，有些产品直接复制行业已有的交互，使用成本几乎为零。又如，某些产品随使用时间的延长，体验变好（如个性化推荐型产品），此时用户切换到其他产品的成本就会升高。

产品经理应根据上述公式去考虑产品相关的用户

上述公式有较强的通用性，除了用于分析作为使用者的用户，还可以用于分析产品价值链上的其他各种角色，包括但不限于客户、政府、大型互联网公司、员工、股东、供应商和合作伙伴、替代品和被替代品、受外部影响的第三方等。在做决策前，把以上每个角色当作用户，套用该公式思考，有助于提升预判和决策的准确性。从经济学的角度分析，这个公式其实大致可以看作“净收入 = 毛收入 – 机会成本 – 交易成本”。但站在产品经理的角度，用“体验”这个词强调了用户的非货币成本，方便互联网人群理解，所以在实践中被不少人接受和应用。

这个公式是一个主观价值判断的辅助工具，不是一个真的可以用加减法运算的公式。举个例子，比如贸易制裁，不论是限量、加税、不买你的、不卖给你中的哪一种，那些被减少的交易，都会造成己方损失，可以看作用“己方损失”这个货币，购买了“对方损失”这个商品。是不是一定要让己方损失小于对方损失才是正确的决策？不一定，因为这些价值里，货币损失相对容易衡量，但还有很多无法客观度量的非货币成本和非货币效用，受益者和受损者也是一个差异化的分布模型，所以最终只能取决于决策者的主观价值判断。

用户价值判断的权衡视角

这些千变万化的价值判断，不少是难以准确度量的，有几个常用权衡视角可以辅助提高主观判断质量。

对自我认知的认知：做这个判断所需的完备信息，我的认知程度可以打几分？可能用什么方法，值得付出多少成本，来获取哪些信息？我可能存在哪些认知偏差？概率思维和克服我方偏误，仅仅这两点就能大幅降低认知偏差发生率，就像饭前便后洗手降低疾病率一样。

对给定目标的批判性思考：我做这个判断的目标是什么？我的目标（或任务）理性吗？为什么不能是其他目标呢？从确定这个目标到现在，有什么关键变量（约束条件）已发生变化或将会发生变化？

参照系：参照系严重影响用户价值大小。怎么定义新体验、旧体验？这里有哪些参照系相关的认知偏差，会怎样影响我、影响用户、影响各方关联人？人们觉得不公平、不满意、满意时用的参照系是怎样的？

成本：谁在分析问题时只谈收益或只谈成本，那他不是骗子就是傻瓜。一个有意识的行为，成本和收益必须一起考虑。直接成本、交易成本、机会成本、风险成本（行为会引入什么新风险）分别是什么？

不确定性决策：尊重和敬畏这个世界的不确定性，很多决策的结果取决于无数个体和群体的未来决策或超越已知规律的未来变化。

概率（风险决策）：这件事按照预期发生的可能性有多大？同时考虑收益和成本依然不够，还要预判发生概率，得出预期效用（决策备择项）这个可以真正用来判断比较的价值：（收益 – 各种成本）× 概率 = 预期效用。

非货币价值（跨效用决策）：人的欲望是无穷的，约束条件也是变化无穷的。不能只考虑货币价值，效用是需要跨属性权衡取舍的。比如找工作时只考虑工资，哪怕还考虑了奖金、期权也是低质量决策，可以考虑的包括但不限于业务成长前景、团队氛围、领导情况、升迁机会、公司声誉、学习环境、所在城市、离家远近、上下游协作方、加班情况、出差频率、管理制度、行业前景、福利、价值观、稳定性等。

外部性：企业或用户的目标有外部性，需要以更广的视野权衡取舍。一个用户的多个目标（期望价值）可能互相冲突，一个用户与另一个用户的目标也可能冲突，用户目标与受产品影响的各种第三方也可能互相冲突。

时间性（跨期决策）：价值判断的对错受时间影响巨大。一个产品增长策略以3个月为时间标准进行衡量是对的，但以3年为时间标准来衡量却可能是错的。那么，你的决策者会选择3个月还是3年？比如一个用户抽烟、暴食或长时间沉溺于游戏、小视频、公众号，从短期来评价他是自愿的、快乐的、获得较大效用的，从长期来评价，他未来很可能后悔。作为产品经理，要怎么选择尺度，怎么细分用户？

4.2 常见的决策方法和误区

4.2.1 数据决策

数据是这个时代最强大的工具。数据对于做产品的价值，一般是作为做正确决策和达成共识的最低成本工具。生活中的策略或设计，往往都是事前定的（基于推理做决策），但有了AB测试，就可以事后选择已验证的更优策略。对于适合它的题型来说，进行AB测试就是在偷看答案后解题，它简直就是产品经理的“作弊”利器。不过，还是有题型，尤其是开放性大题和附加题往往不适合它。

在线产品进行大量控制实验代价低且可控性高，很适合进行 AB 测试。但对于含较重要线下环节的产品，AB 测试的可用性低，也就更依赖于产品经理的深度思考、预判准确性和权衡取舍能力，更需要成熟产品经理负责。进一步想，还有比 O2O 线下产品更难进行 AB 测试的，比如手机这类几乎一年迭代一次的硬件产品就很难进行 AB 测试，因为综合代价实在太大。

但哪怕是适合进行 AB 测试的产品工作，我们也应保持警醒。表面上看，数据决策连小学生都能做，但数据本身并不能说明问题或得出结论，需要根据个人经验和知识做主观分析和判断。人生来便具有主观性，加上建模的局限性和信息的不确定性，人们很难根据数据总是做出最正确、最理性的判断和决策。

体现数据决策局限性的案例很多：比如在蓝海业务跑马圈地的早期，过度强调数据决策反而拖慢组织效率；比如当基础数据不足，数据获取和使用的成本过高时，强调数据决策则不切实际。比如有人看到开市客（Costco）财报上的净利润与收到的会员费差不多，就认为开市客的成功是因为会员制，这就差之毫厘谬以千里了。

宏观经济学中有个重要概念叫卢卡斯批判。卢卡斯批判也适用于批判过分依赖数据驱动的行为。虽然，因为互联网产品能快速迭代（能快速进行 AB 测试、灰度测试、回滚），而经济政策不能，这个问题带给互联网产品的负面作用远不如它带给经济政策的，但我们还是可以从中理解不足之处。而优化改善的方向，正是基于用户样本量的用户模型。

卢卡斯（凭理性预期理论获 1995 年诺贝尔经济学奖）认为，利用加总的历史数据来给出政策建议和经济预测，其结论值得怀疑。

宏观系统本身是由大量具有能动性的微观主体组成，这里的微观主体既可以指居民消费者——可以根据物价变化和收入变化等改变自己的消费、储蓄行为，也可以指企业——可以根据物价、成本、市场需求变化来调整自己的生产。如果在建立预测模型时，罔顾这些微观主体应对政策和实际市场的反应，而只是机械地进行统计意义上的数量预测，其结果是非常不可靠的。所以，宏观经济理论必须建立在微观个体最优决策的基础之上，而不是基于任意的统计观察，否则会导致卢卡斯批判。

最理想的宏观模型是怎样的？应该是经济学家调查每家每户以及每个企业的各种决策行为，长期跟踪，建立起每家每户和各个企业的决策函数，然后由此进行加总，获得总供给和总需求，最后政府以此来改变利率、税率、货币发行量等，看看这些微观主体的反应如何，择优而为之。（这一过程特别像产品经理基于用户样本量建用户模型。）显然，以上策略可操作性并不高。

所以经济学家的一般策略是，从一些公认的对于微观主体的假设出发，建立模型并推导出他们的决策进行加总，然后反过来将实际数据代入其中来“凑”。如果在现有参数下能很好地解释一些重要的可观测数量，比如失业率、消费占GDP比重、投资占GDP比重、实际利率等等，那么我们就认为这个模型至少能很好地刻画现有的经济。这套模型就好比是一个实验室，我们就可以来看看，假设税率提高或者财政补贴上升会如何。（先拍脑袋决策后验证，依然是我们离不开的产品方法，问题是拍的程度和由谁来拍。）

数据驱动的产品方法论也简单，还有快速迭代兜底，所以大概会继续作为基础工具和主流方法。用户模型和交易模型更可能作为一种辅助思考决策的高级工具，与数据驱动一起发挥作用。

4.2.2 逻辑决策

行为科学研究得出结论，一个人一天的行为中大约有5%是非习惯性的，而其他95%的行为都源自习惯。这基本上意味着是习惯而不是逻辑，决定了我们的一生。我们以为自己是理性的，我们以为自己的一举一动都是讲逻辑、有道理的。但事实上，我们的多数日常行为，都是一些我们自己根本无法了解的隐蔽动机导致的结果。所谓理性，是指当条件合适时（理性并非总是优于本能和习惯），优先用逻辑、知识和思维去做出决策和预期收益最大化的行为，而不是任由本能和习惯驱使。

逻辑决策也是“讲理决策”，结论靠逻辑推导得来。但需要对方具备相应的认知水平，否则就会鸡同鸭讲。想让一个人理解和接受一个道理，是要在他的偏好和认知结构内去实现的。如果对方不具备相应的偏好和认知结构，就需要帮他补齐，但这个成本实在太高了。所以，逻辑决策的成本远高于数据决策。

产品经理需要认识到，在这个世界上，并不存在什么客观的事实，你所认为的事实，只是你所认为的事实。另一个人是否理解和接受这个事实，是受他的认知结构的刚性约束的。你只能在对方的认知约束内让他理解和接受他认为的事实，你只能按照对方的认知结构去设计沟通目标、沟通内容和沟通方式。

有这样一个例子。有一次，我要劝阻一个人不做某个业务，说到最后，为了加强自己判断的说服力，我直接跟对方说，你对产品的市场判断比我差远了，过去凡是我反对的但你坚持要做的产品，每一个都失败了，然后一一指出那些产品。但那个人回答："那是因为产品经理没有好好做。"这个回答的潜台词是，只要一个产品经理好好做，产品就能成功。但我们知道，产品经理没有那么大本事，用简单的三维归因分析可知：一个产品的成功，是由产品经理、团队合作伙伴、大环境三方因素共同决定的，具体其中某个因素的影响权重有多大，只能具体案例具体分析。（而且，因为历史不可重复和人的有限理性，即使有当事人的事后分析总结也不能保证其就是真相。）但如果对方的认知结构中没有三维归因概念，而是习惯于一维归因，那你就没办法用三维归因的所谓"事实"去和对方沟通，你永远只能基于对方认知结构和能接受的“事实”去和对方沟通。

4.2.3 主观判断决策

著名经济学家奈特在他的名篇《风险、不确定性与利润》中提出，员工对不确定世界的预判能力差别很大，企业家的超额利润都来自识别任用判断力更优的员工。

主观判断决策是最难的决策，没有数据或逻辑支撑，只能用关键变量和用户模型、交易模型来模拟市场运行，并据此做出判断。此类决策往往还需要强大的个人影响力来支撑落地。

在做决策的时候，因为信息不足和环境的不确定性，你无法预知未来。因此，你需要进行假设性推理：在脑中创建一个临时的模拟世界模型，并在这个模拟世界中推演各种行为导致的变化过程和结果，对结果做价值判断和风险概率判断，比较多个模拟推演结果（复杂价值的权衡取舍）之后选择一个最优解，将其作为决策结果。

人的运算能力很弱，所以必须学会提取特定情境下的关键变量（关键约束条件），必须事先找到用户模型和交易模型（要做到洞察人心和洞明世事，台上三分钟，台下三年功），才能及时、高效、较高准确率地做模拟推演，满足决策需要。

在用主观判断做决策时，我们建议的思考习惯是：有一个想法后，把它记下来，用过往所有经验去证伪，如果无法证伪，那就假设它成立，存储起来。以后有新的信息或思考时，随时将它提取出来匹配一下，就可能有所得，从而产生新的结论。

4.2.4 常见的决策误区之认知偏误

认知偏误是指在某些特定情况下的特定思考、行为倾向，会导致理性或判断产生系统性偏误，这些现象被心理学与行为经济学广泛研究。

虽然这些偏误被反复研究确认，然而如何对其进行分类与解释，一直存在争议。大脑自有一些处理资讯的规则，为了增进决策与判断效率的“心理捷径”称作捷思，捷思有时会产生一些不好的效应，这些不好的效应称作认知偏误。判断与决策的偏误也可能是由动机导致，例如信念受到一厢情愿的想法扭曲。

一些偏误是否该被视为真正的不理性，是否可能导致有用的态度与行为，是有争议的。例如，要了解他人时，人们常会问引导性问题，看起来是为了印证自己对他人的假设，是一种偏误；但有些人认为这种确认性偏误应该视作社交技巧，用于建立与他人的联系。

产品经理作为研究人的职业，关于认知偏误的知识是其必修课，既要极力避免自己犯这些错，也要从这些角度理解人性，理解一些用户行为背后的原理。维基百科词条“认知偏误列表”列举了近两百种认知偏误，下面这些是产品经理需要关注的。

归因偏误

归因在生活中和工作中都是高频行为，但人们常常有归因偏误。如评价自己时，把良好行为或成功归因于自身，把不良行为或失败归因于外部情境或他人；而在评价他人时则相反，归因良好行为或成功时高估外因，归因不良行为或失败时高估内因。

足够简化的理论才能被思考模式的系统1经常使用，三维归因理论就足够简化。遇事需要归因时，从以下三个维度快速评估一下行为主体（人或组织）、关联方（如果有，也进行一遍三维归因）、行为情境对结果的影响，往往能减少错误归因。

以下是三维归因理论的三个维度。

- （情境）特殊性（distinctiveness）：行为人在不同情境中是否表现不同。
- （他人）一致性（consensus）：其他行为人在相同情境下是否表现相同。
- （个体）一贯性（consistency）：行为人在不同时间是否表现相同。

一些常见的归因偏误现象如下。

自利偏误：将成功归因于自己，而将失败归因于环境。把集体行动的结果归因于自己，多过其他人会归因的程度。

正面效应与负面效应：评价喜欢的人的行为时，把他们做好事归因于内在本质，而把他们做坏事归因于环境因素。评价不喜欢的人的行为时，把他们做好事归因于环境因素，而把他们做坏事归因于内在本质。

群体归因偏误：把个体的特质当作其所属群体的特质，或把个体的行为当作其所属群体的偏好。

终极归因偏误：把问题归因于整个群体，而非群体中的个体。

基本归因偏误：解释他人行为时，过度归因于内在特质（一定是他有这样的人格，才做出这样的行为），而非外在情境（也许是情势所迫，或这个场所有特殊的潜规则）。

锚定效应

锚定效应是指为不熟悉的事物估值时，会把熟悉的类似事物或不久前接触到的无关数值当作“锚”，估出来的数值会大大倾向“锚”。类似的偏误现象还有以下几种。

幸存者偏差：过度关注在某些经历后幸存下来的人事物，忽略那些没有幸存的（沉默的数据），造成结论偏离实际情况。

峰终定律：我们对一项事物进行体验之后，印象最深的是在峰值与结束时的体验，而在过程中好与不好体验的比重、好与不好体验的时间长短，对记忆影响很小。高峰之后，终点出现得越迅速，这件事留给我们的印象越深刻。

框架效应：同一资讯以不同方式呈现会使得人的想法不同，例如告知公众有一个做法将会“导致三分之一的人死亡”和“保护三分之二的人活下来”的效果是不一样的。

禀赋效应：指人们拥有或即将拥有某物品或资产时，对其价值的评估会比没有时高出许多，因而不愿失去或放弃它。

心理账户：人们将消费分门别类（住宅、食物、服装、娱乐、投资等），且每一个类别对应各自的心理账户，每个心理账户都有自己的预算和单独的参照点，使得各个账户之间的替代性非常有限。一个人对给定数量金钱赋予的价值，取决于这部分钱属于哪一个心理账户，继而依赖于背景、框架和情境。心理账户能解释同一个人在不同事物上的花钱矛盾现象。

损失厌恶：指人们面对同样数量的收益和损失时，认为损失更加令人难以忍受。损失带来的负效用约为同量收益的正效用的 2.5 倍。损失厌恶反映了人们的风险偏好并不客观，当涉及的是收益时，人们表现为风险厌恶；当涉及的是损失时，人们则表现为风险寻求。

选择性注意

人们常常倾向于忽略掉不符合自己期望的东西，只看到自己期望看到的东西，他们期望看到的东西又是基于熟悉的东西、先前的经历，或是个人的欲望、兴趣需求，这就是选择性注意。

选择性观察偏误：人们在观察时不可避免受到前置条件的限制而筛选了样本，因而得出不适当的结论。例如问卷调查到的人一定是热心、愿意填问卷的人，因而其结果未必能反映不热心、不愿意填问卷的人的想法。

观察者偏见：是指由于观察者个人的动机和期望导致的偏误。通常，人们看见的和听见的只是他们期望的，而不是事实的本来面目。

观察者期望效应：由于研究者期待某种结果，因而下意识中不当操作实验或诠释资料。

受试者期望效应：由于受试者期待某种结果，因而下意识地扭曲了回报内容。常见现象是安慰剂效应，即被给予无效的药物或治疗，病人却相信或觉得情况改善。

刻板印象

刻板印象是指对某人或某一类人产生的一种比较固定的、类化的看法。人们习惯把人进行机械的归类，把某个具体的人看作某类人的典型代表，把对某类人的评价视为对某个人的评价。典型现象如种族歧视、地域歧视、职业歧视、性别歧视等。

光环效应：一个人的某个单一特性（比如漂亮、长得帅、富有等）一旦给人以非常好的印象，在这种印象的影响下，人们对这个人的其他品质（与这个单一特性不相关的品质如能力、人品）也会给予较好的评价。

外群体同质性偏见：认为自己的个性、行为、情绪是多变的，而他人是一成不变且容易预测的。

首因效应：指个体在社会认知过程中，通过“第一印象”最先输入的信息，对以后的认知产生的影响作用最强，持续的时间也长，影响力远大于以后得到的信息。

自我中心偏误

自我美化偏误：会美化回忆中的自己，往往认为自己比实际情况更好。例如记忆中自己的考试成绩比实际更好。

支持选择偏误：回顾自己做过的选择时，倾向认为它是明智的，给出高于实际的评价。如购买后把之前的购买决定合理化，即使买下的商品太过昂贵或有瑕疵。

错误共识效应：高估别人对自己的认同程度，认为所有人以同一方式思考。

投射偏误：不自觉地以为他人（或未来的自己）和（现在的）自己有相似的情感、思想与价值观。

素朴实在论：相信自己所见所闻即是真相，是客观且不带偏见的，认为这是显而易见的事实。

控制错觉：高估自己对外在事件的影响力，认为事情是受自己控制或影响的，但实际上它可能与自己毫无关系。

达克效应：能力过差的人由于无法分辨能力好与能力差的不同，因而会错误地高估自己的真实水准，有一种虚幻的自我优越感。

逆火效应：遇上与自身信念抵触的观点或证据时，除非它们足以完全摧毁原信念，否则会忽略或反驳它们，原信念反而更加强化。

证实偏见：人们普遍偏向能够验证己方假设和观点的信息，而不是那些否定假设的信息。关注、寻找、诠释、记忆信息的方向多半是能证实自己假设和成见的方向，而那些可能推翻自己观点的信息往往会被忽视掉。

舒适区效应：对于过去常用的方案，高估效益或成功机会；对于过去少用的方案，低估效益或成功机会。

信念偏误

可得性偏误：对容易想到的事，会高估其发生概率。然而一件事是否容易想到还受发生多久、激起情绪的程度等因素影响，无法反映实际的发生概率。

频率错觉：因最近注意到一件原先没注意到的事，就觉得这件事到处都在发生。

后见之明偏误：又称“我早就知道了”“马后炮”“事后诸葛亮”。在事情发生或发展后，以为自己事前就能预测其发生与发展。

可获性层叠：一件事越常被公开谈论，人们就越相信其正确性，类似“三人成虎”。

货币错觉：专注于货币名目上（表面上）的价值，而非其实质购买力。

一致性偏误：记忆中他人过去的态度与行为会变得像目前的态度与行为。

巴纳姆效应：人们会把他们认为是为自己量身定做的人格描述评价为高度准确，而这些描述往往十分模糊及普遍，能放诸四海而皆准，适用于很多人。这个效应多出现于占卜星相、算命和个体性格分析等情境。

基本比率忽视：只关注针对性的信息，忽略一般性的信息（基本比率），导致不恰当的认知。例如因为酒驾较容易肇事，就认为肇事者中很多是酒驾，然而由于酒驾者占所有驾驶者的比例很小，肇事者中酒驾者的比例不会那么高。

赌徒谬误：认为某事多次发生则未来发生的概率较小，或多次未发生则未来发生的概率较大。就像赌徒认为掷骰子时连续几把结果是“大”，那么下一把是“小”的概率更高，而忽视了每一次掷骰子都是独立事件，有独立概率。

逆赌徒谬误：认为发生概率很小的事不会发生，如果发生了，一定是做了很多次。

决策类偏误

结果偏误：评价决策好坏时，根据其最终结果，而不是根据做决策的过程。

道德评价偏误：评价他人行为的道德时，根据结果而不是根据做出行为时的情境。

资讯偏误：倾向寻求更多资讯以做出决策，即使寻求的资讯对决策没有帮助。

共有资讯偏误：团队讨论倾向花较多时间与精力讨论所有成员都知道的事（即共有资讯），而花较少时间讨论较少成员知道的事。

集体错觉：团体在决策过程中，由于成员倾向让自己的观点与团体一致，因而令整个团体缺乏不同的思考角度，不能进行客观分析。

从众效应：倾向做很多人做的事，或相信很多人相信的事，以和他人保持一致，也就是“随大流”。

沉没成本谬误：当人们证实先前累积的投入（沉没成本）已经浪费掉了，仍然对这些已经不能回收的成本念念不忘，因而做出不理性的选择。

塞麦尔维斯反射：条件反射般地否定、拒绝新证据或新知识，因其有悖于现有的常规、信仰或价值观。

麦纳马拉谬误：过度相信数据，依赖数据评估事情，忽略难以量化的事。此典故源自美国前国防部长麦纳马拉，他相信能用量化数据（如击毙越军的尸体数量和减少己方人员的伤亡数量）衡量美国在越战中的成功，但忽略了其他因素。

4.2.5 常见的决策误区之偏离方法论上的个人主义

方法论上的个人主义强调组织不做决策，只有真实的人（组织中的一个或几个）才能做决策。而人是不同的，每个人均具有不同及变化着的偏好、目标、目的和想法。因此，“社会”“国家”“企业”“团队”“群体”等等就不应被理解为行为上犹如个体行为人那样的集体。组织或者集体在本质上不再是一个关注焦点。相反，一种关于社会现象的理论首先应该由个体成员的认知和行为出发，并将对它的解释建立在这一基础之上，这些个体成员的行为导致了我们所要研究的现象。（以上引自《新制度经济学：一个交易费用分析范式》）

方法论上的个人主义，为个人决策制定者给出了一个全新的解释。

要弄明白决策背后的因果关系，或试图影响决策，只靠分析组织特征是很难接近真相的。要想解决问题，姑且不论难度，至少在方向上，应该遵循方法论上的个人主义，去找到具体的决策人和决策流程，各决策人个人的真实想法，这些想法受什么外部信息、个人信念、情境和历史因素影响，决策过程又可能怎样影响结果。如此决策，可减少大量不必要的错误。

世界上不存在一个叫用户的人，也不存在一个叫用户的群体，只有无数人的具有异质性、情境性、可塑性、自利性、有限理性的购买和使用产品的行为。产品经理需要理解的“用户”，应该不是一个具体的群体或具体的人，而是一个特定情境下的需求组合。

例如，我们经常听见这样的说法，“用户怎样怎样”。每当这种时刻，我们可以按照发言者的语境推演一下他说的“用户”是指什么。除了经过系统训练的产品经理，其他职业的大部分人口中的“用户”定义令人失望，也就不用指望后面的讨论质量有多高了。

再举个例子，“人是自私的，追求利益最大化”，这是经济学的最基本假设。产品经理面向用户设计产品，需要预判用户行为时，一般也遵循这个假设。但是，每个人的自私程度千差万别，而且，在不同情境下的应激反应还不同，如果仅仅按照“人是自私的”用户模型去考虑问题，精准性是不高的，很多关于产品细节的决策就会有问题。

所以，产品经理研究的“用户”，是最需要采用方法论上的个人主义的，必须从无数情境下差异化的个体样本出发来抽象出“用户模型”。

4.3 能落地的决策才有价值

不能落地实现的优质判断和决策，只对个人成长有价值，对业务的价值可能是零。能落地的决策才有价值，推动能力的强弱也是关键变量，所以协作型产品经理的概念才值得独立出来，这相当于以强推动能力交换降低的决策能力，这时的边际收益可能更大。

常常听到产品经理抱怨，用逻辑去说服别人的难度特别大。确实，因为历史原因和一些变化，有些工作的沟通比较困难，要花费更多精力和心力。但好在，对这个能力的锻炼和成长会在未来持续提高个人价值。一个管理者职位越高，他的日常工作中一般都会有越高比例的沟通说服工作。

4.3.1 推动决策落地的几种方法

产品经理可以通过哪些办法来影响自己的老板、同事或下属呢?

（1）合法性：依靠你的职权，或者强调你的要求符合组织的规章制度。适用于影响同事或下属。

（2）理性说服：提出符合逻辑的观点和事实依据来证明某个请求的合理性。适用于影响老板、同事或下属。

（3）鼓舞式诉求：通过呼吁某个目标的价值观、需求、希望和渴望来引起情感认同。适用于影响下属。

（4）商议：通过让他人参与决定如何实施你的计划来增强他人对你的支持。适用于影响同事或下属。

（5）交换：通过给他人提供某些利益或好处来换取其对某项要求的遵循。适用于影响同事或下属。

（6）个人式诉求：利用友谊或忠诚来获得他人的同意。适用于影响同事。

（7）逢迎：在提出请求之前先采取吹捧、赞扬或友善行为。适用于影响同事或下属。

（8）施压：使用警告、威胁和反复要求等手段。适用于影响下属。

（9）联盟：通过寻求他人的帮助或支持来说服目标对象同意。适用于影响同事。

（以上9条引自罗宾斯《组织行为学》）

天下熙熙，皆为利来；天下攘攘，皆为利往。一个人对另一个人的影响力，主要来自对另一个人创造价值或造成伤害的能力，这个能力有多大，影响力就有多大，能力很小就几乎没有影响力。所以，要提高自己的推动能力，关键是提高自己为他人创造价值的能力，并能充分分析各方诉求，寻找有较多共同利益的方案和视角，然后让对方理解推动这事能给他创造的价值，或这事推不动会带给他的伤害。

大部分人是有限理性的，有很强的立场认知偏误，仅仅增加认同感就能让对方更容易接受你的意见，从而顺利推动决策的实施。如果你的上级或合作方缺乏批判性思维，不妨在产品决策的小处多认可他，只在大处坚持自我立场。对于各种无伤大雅的产品小决策，多听他的，赞美他（但也别表演过火，应该先试探，判断无法改变对方看法时才做这种无奈选择），让他觉得你和他总是观点相似，他也会更认同你，觉得你专业能力很强，这样，哪怕未来你在产品关键问题上提出不同意见，他也会更容易被你说服，从而顺利推动。

4.3.2 决策落地的技巧：议程设置

产品经理可能无法影响老板或决策层的想法，却可以影响老板或决策层去想什么，这是专家部门的“非正式权力”的主要来源。

议程设置是指在组织或公司做决策时，产品经理通过影响他人发挥出上述“非正式权力”，从而使决策落地的重要技巧。在信息传播和决策的过程中，如果你在脑中构建的用户模型已足够准确（即充分了解目标受众的偏好和行为反应模型），那么，选定议程之后，结果往往是可预期的，不需要干预。

议程设置是大众传播的重要社会功能和效果之一。1968 年，麦克斯威尔·麦克姆斯和唐纳德·肖对美国总统大选进行了调查，看媒介议程对公众议程有多大的影响。1972 年他们提出了议程设置理论，该理论认为大众媒介往往不能决定人们对某一事件或意见的具体看法，但是可以通过提供信息和安排相关的议题来有效左右人们关注某些事实和意见，以及他们议论的先后顺序，新闻媒介提供给公众的是它们的议程。

大众传媒对事物和意见的强调程度与受众的重视程度成正比，该理论强调：受众会因媒介提供议题而改变对事物重要性的认识，对媒介认为重要的事件首先采取行动。

一般而言，议程设置是一个由三部分组成的线性过程：首先，必须设定将要被讨论的问题的轻重缓急，即媒体议程；其次，媒体议程在某些方面影响公众观念或者与之发生相互作用，即公众议程；最后，公众议程在某些方面影响政策制定者所重视的事物，或者与之发生相互作用，即政策议程。舆论导向正确的重要性也可由此证明。

议程设置本身不影响结论对错，只是锋利的辅助工具，但在公司内滥用只会伤人伤己，需谨慎和少用，只有在确信目标本身已是理性的最优解时才宜适用。

4.4 权衡决策问题举例

4.4.1 关于快车动态调价模式与排队模式的权衡

出行行业有极其明显的高峰、平峰，且高峰还具有非常强的时间、地域性，比如晚 10 点的高铁站、下班时的 CBD（中央商务区）。同时这些地域和时间点的供给密度，往往因为道路拥堵程度、司机分布等因素，出现十分巨大的差异。这个场景里最直接的表现就是供需失衡：司机因为拥堵，不愿去需求热区；打车需求量巨大且没有足够的司机，乘客打车很难。

为了缓解这个问题，最初行业普遍使用的策略是动态调价。通过在高峰期临时调整乘客打车价格去抑制打车需求。从经济学的角度来看，随着价格在需求方的自由竞争中逐渐上升，总能筛选出最愿意为当次交易付出更高价格来买单的人，本质上是每个人对于价格和价值的权衡。这个措施看似无可挑剔。

但随着滴滴规模的扩大，企业的社会责任随之提升。极端场景下价格不断上升的倍数，已经突破了作为感性人可接受的范围，所以后来平台将调价倍数限制在2倍以内。但这样一来，愿意接受议价的人变多，司机同样会对收入和付出成本进行权衡，这个倍数限制难以调动更多司机，所以运力供给并没有大量提升。结果就出现了大量用户接受临时调价，但依然无法出行的情况，用户更为不满，从而出现了大范围关于“动态调价”的投诉。

我们回归要解决的问题本质：满足更快打到车的诉求。但“更快打到车”拆解下来包含了三层含义：第一层是对何时能打到车有预期；第二层是这个预期是否准确；第三层是这个预期的时间是否还能更快。做好这三层，才能真正满足用户打到车的根本诉求。

相对来说，第三层需要更长的解决周期，根据整个出行行业高峰平峰的客观周期现象，需要结合运力结构的变化来长期解决，其中还涉及很多生态、政策等问题，这里先不展开。

从模式本身分析，对比动态调价模式，排队模式最大的变化就是给了用户更明确的时间预期，以及通过先进先出的队列逻辑，保证了预期的有序达成。从约束条件的差异分析，首先是社会文化的不同。中外社会文化对于公平和效率的取舍有所不同，国外对价格调节供需的市场接受度更高，国内是排队文化深入人心，几乎在所有涉及供需的线下环境中，都能看到排队的现象，而“让愿付更高价格的人优先”往往很难被接受。然后是行业在社会中扮演的角色不同。共享出行在国内市场更被认为具有公共交通属性，需要兼顾更多社会责任。

经过在特定环境下对公平和效率的权衡，滴滴最终选择了以排队作为供需紧张场景下的主要解决方案。一个新模式的出现，往往是一个后验的过程，特别是在旧模式已经广泛应用的前提下，所以排队就从一个供需最为紧张的场景切入——企业集中下班的场景。在北京中关村进行的 MVP（最小可行产品）实验，验证了用户对于公平的感知和接受度的同时，也验证了排队模式通过拉长一点匹配时间（用户更愿意等待了），提升了打车需求的整体满足程度。

排队模式的诞生，是为了通过先到先得逻辑来解决供需失衡问题。但随着覆盖面持续提升，场景的复杂性也有了变化。前面也说到，效用取决于个人对于交易所产生价值的判断，不同出行目的背后的效用也会有巨大差异。比如，打车去急诊和打车去逛街，紧急程度完全不同。所以在某些场景下，追求公平排队实际上是降低了效率。

对于更紧急的打车需求，平台是否要优先满足？满足的优先级如何？这两个问题的答案更多取决于业务所处的阶段。在平台具备了满足普遍出行需求的能力后，出于承担社会责任以及对创造用户价值的追求，答案就不言而喻了，更紧急的需求应该被优先满足，和社会车辆要给消防、救护车辆让行是同样的道理。

那如何区分一次打车需求是否紧急呢？首先平台是否可以通过特征发现需求背后的紧急程度？因为滴滴是线上打车模式，平台很难做到准确判定用户需求的紧急程度，所以需要用户自己来表达诉求。但问题是，如果用户可以低成本地随意表达，结果会是很多人都说自己很紧急，还是无法区分紧急程度。所以我们需要通过让用户付出更高成本来表达，以提高用户所表达的紧急程度的准确性。

用什么来作为成本？金钱还是非金钱？金钱作为成本涉及的最大问题是如何分配。出行交易涉及乘客、司机、平台三个主体，如果将这部分金钱给乘客，因为影响对象包括队列中后续所有参与者，所以存在其他用户是否有资格拒绝和具体会分到几分钱、几毛钱的问题。如果是给司机，司机并没有为这部分额外收入多付出任何成本，接单与否更多是取决于运气，这会导致其他人有不公平的感觉。如果是给平台，司机和乘客都会认为平台没有任何付出，白拿了这些钱。金钱做成本，平台还会面临让有钱人先走的道德质疑。

所以我们更倾向于以非金钱作为表达成本，同时仍需考虑优先权利不能被滥用，设置次数和成本限制条件。会员权益在各行各业普遍存在，这也是我们的排队“快速通道”的雏形。会员优先享受每月几次的应急优先特权，并且不可积累，定期清零。但单纯用会员身份做门槛，可能会让很多有需求但还不是会员的用户的紧急需求无法满足，所以后续又持续迭代了积分兑换等渠道，来满足非会员用户的紧急需求。

4.4.2 关于醉酒乘客打车问题的权衡

醉酒乘客乘车，容易引发司乘纠纷，平台存在比较严重的安全风险和服务难点。

安全风险主要体现在以下两个方面。

第一，女性乘客醉酒单独乘车，防范能力较弱，容易引发男性司机的性骚扰。（这里的性骚扰司机一般是历史清白无前科的初犯，因为如果滴滴查到某司机有过犯罪记录或性骚扰证据，此司机必然已被清退）。

第二，男性乘客醉酒乘车（尤其多人乘车），和司机更容易发生冲突，导致性骚扰（女司机）、危险驾驶等后果。男性乘客酒后（结伴）骚扰女司机（甚至男司机）的案例在涉性投诉中占比较多。

综上，平台曾经在部分城市试验过醉酒规则“司机遇到醉酒乘客，通过报备可无责取消订单”，但发现了很多问题，只能放弃。主要问题是：司乘碰面后，因司机拒载造成的醉酒冲突以数倍上涨；司机以乘客醉酒为由故意拒载也屡见不鲜。

后来，滴滴征询了媒体、专家、政府对醉酒乘客乘车问题的意见，又通过公众评议会征集公众意见，以及做了一些实验，才一步步有了今天的方案“平台引导醉酒乘客主动报备”，但此方案仍不完美，还有不少问题未能解决，需要继续努力。

除安全风险外，乘客醉酒也容易导致以下两个服务难点。

第一，严重醉酒乘客乘车，到达目的地后司机很难将其叫醒。平台曾尝试引导司机将乘客送至公安机关或医院，但都被拒收。司机如果在原地长时间停留等待乘客酒醒，则会损失自己的收入机会成本。平台也考虑过推行新规则，建议司机报备后原地等待乘客酒醒，期间正常计费。但有的司机曾经自发在原地等待乘客酒醒，乘客醒后对费用不认可，导致更严重纠纷。即使推行该新规则后的大多数结果是好的，但我们也无法接受出现的少数结果是更严重纠纷，所以还是放弃推行该规则。

第二，醉酒乘客呕吐，弄脏车辆，产生费用纠纷。司机要求乘客垫付洗车费，乘客不一定认可，双方产生争议甚至引发冲突。洗车费的标准及规则较难制定，各地洗车费标准也不统一，平台只能根据司机提供的洗车费发票金额报销（有上限金额）。但实际可能存在司机作弊的风险（优步在海外有不少司机虚报清洁费的新闻），平台暂时没有有效的识别和应对办法。

有一段时间，很多滴滴产品经理都在学犯罪心理学。有一个犯罪铁三角理论是说，潜在犯罪者 + 合适受害人 + 合适犯罪场景，只要铁三角成型就有概率发生犯罪，但如果能识别并阻断任意一个角，犯罪就不会发生。

无独有偶，经济学家巴泽尔提过一个观点，可以称它为权利三角。任何个人的任何一项权利的有效性都要依赖于：这个人为保护该项权利所做的努力；他人企图分享这项权利的努力；任何“第三方”所做的保护这项权利的努力。由于这些努力是有成本的，世界上不存在“绝对权利”。

鉴于这两个三角原理，在产品工作中，保护用户权利的一部分工作是教育用户保护自己的权利。比如，汽车发生严重翻车事故时，系了安全带可使死亡率减少 80%，如果用户自己不系安全带，那么第三方做了所有努力也很难抵消这部分风险。

4.4.3 关于拼车价值分配问题的权衡

在拼车中，乘客的诉求是便宜，司机的诉求是提升收入，平台的诉求是单位运力效率最大化。拼车创造的价值总和 = 拼成时的共乘（收益）– 未拼成时的乘客折扣（风险）。大部分时候，人们看到了收益，觉得拼成的时候平台利润率高，但忽略了风险——未拼成时给出的乘客折扣是平台的净亏损。

那么什么样的价值分配方式，能够兼顾收益与风险，且同时满足司机、乘客和平台三方的利益诉求？拼车时，司机收入按付出成本还是按实际产生的价值进行分配？拼不成时的风险由谁来承担呢？

实际上，拼车的价值分配模式经历过如下几个阶段，分别代表不同的导向。

表 4–1 拼车的价值分配模式演变

历史上的计价模式	收益 – 风险承担机制	主要问题
司乘均一口价，平台以低于快车的固定比例进行抽成	司机收入按实际产生的价值分配，司机承担拼不成时的风险，拼成的价值由司机、乘客、平台三方获取。	司机规避风险，拼成的时候觉得挺好，拼不成的时候觉得收入低，不愿承担风险；乘客不愿意拼成
乘客一口价，司机以快车价格实时计价	司机收入按成本分配，平台承担拼不成时的风险，拼成价值主要由乘客和平台获取	司机抱怨拼成时平台抽成高（同时忽略了未拼成时平台亏损的事实），乘客不想拼成
乘客两口价，司机以快车价格实时计价（此方案之前仅为实验，未放量）	司机收入按成本分配，乘客承担拼不成风险，拼成价值主要由乘客和平台获取	司机抱怨拼成时平台抽成高；乘客想拼成，但平台拉新能力弱（因为两口价要求用户能接受最高价）

平台要兼顾收益与风险，找到同时满足司机、乘客和平台三方利益诉求的价值分配方案，确实很难。所以我们只能在约束条件下求相对最优解，在此分享一下其中尝试过的基于不同供需状态的两种解决方案。

第一种，供大于求，缺乘客，价值分配向乘客倾斜。

首先，从经济学规律来讲，供大于求时，需要在乘客端降价以刺激需求，同时司机的收入单价也可以降低（因为机会成本是没单，空闲收入为零）。但是并非所有司机都愿意接受降价，本身拼车由于只占快车一定比例的订单，也不需要所有司机都来接拼车单。另外，基于司机收入公式，在线时薪 = 计费时薪 × 计费时长占比，降低单价即降低计费时薪，若能同时提升计费时长占比，司机的收入依然有可能提升。所以基于自愿的原则，我们在降低司机单价的同时，把这部分价值转让给乘客（体现为更低的折扣），同时给司机提供一个接拼车订单的开关，且在拼成的时候额外给司机一个拼成奖励，这样找到一条路径：乘客端更低的折扣—拉动更多乘客需求—拼成率提升，司机计费时长占比提升—司机单价降低但在线时薪提升，从而实现正向循环。

第二种，供小于求，缺司机，价值分配向司机倾斜。

在 2018 年下半年，整体供需环境变成供小于求，司机计费时长占比明显提升后，对司机而言，原来拼车提升计费时长占比进而提高收益的作用被明显削弱，而此时乘客端表现为打不到车的痛点明显。基于这个供需环境，我们认为此时约束条件已经发生变化，对乘客方我们更多是满足原有快车用户能打到车的诉求，而司机收入的机会成本变成了接快车单的收入。所以，我们基于价值分配向司机倾斜的导向，重新设计价值分配机制：对乘客采取两口价的方式，即乘客承担拼不成的风险；对司机，基础价格为快车价格的实时计价模式。如果行程中没有拼成，司机提供的就是快车服务，在司机的视角，他应该获得和快车一样的收入，这就需要基础计价和快车保持一致。如果行程中拼成，司机在额外提供服务的同时（即使拼成乘客完全顺路，也还有接驾送驾的额外成本和心理成本），创造了更高的单位价值，司机希望能够分配到更多的利益，不然就觉得“不值得”，所以需要有一个规则可以相对公平地把共乘的价值分配给司机。之前的拼成返利因为只考虑拼成结果（拼成几单），不考虑拼成质量（具体共乘的里程），并不是一个公平的分配策略。所以综合权衡之后，我们使用了共乘计价的模式，共乘的收益=共乘里程 × 里程费单价 × 共乘倍率。比如一次行程，共乘有 1 公里，里程费单价为 1 元，共乘倍率为 0.5，司机可以额外获得 1 × 1 × 0.5=0.5 元（见图 4–1）。这样，对于司机而言，拼车单一定是有更高价值的订单，从而保证拼车的司机生态在供小于求的环境下是正向循环。

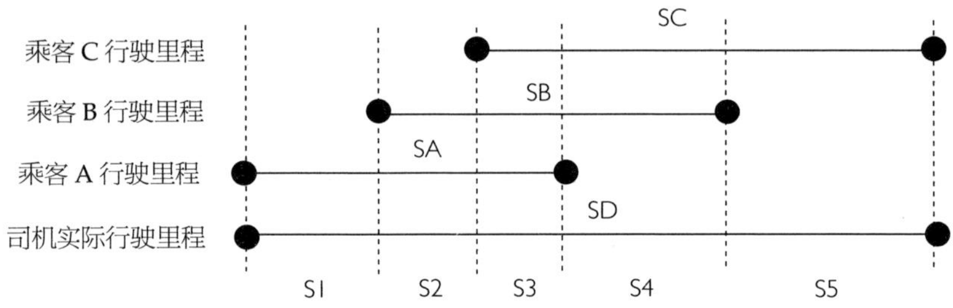

S1、S2、S3、S4、S5 是司机完整的行驶里程，这一部分可以获得对应的里程费。
S2 和 S4 是两单共乘里程段，可以获得额外的两单共乘里程费。
S3 是三单共乘里程段，可以获得额外的三单共乘里程费。

图 4–1　拼车模式里程

关于拼车的合理价值分配模式，目前仍然在持续探索中。这个案例同样也验证了感知价值才是真正的用户价值。比如实际上基于快车价格实时计价的司机计价模式，从数据来看，是能够通过提升计费时长占比来提升司机收入的，但也只有部分司机认可（也可能是司机觉得自己因为接拼车单付出了更多的心力成本）。而即便在供大于求的情况下，我们通过新的价值分配方式提升了司机收入（且提供了选择的自由），也不是所有司机都认可其价值，这就相当于又加了一层约束条件，提升了这个案例权衡的复杂性。

4.4.4 关于乘客物品遗失在车上问题的权衡

遗失物品是网约车平台的常见情况，丢手机、丢包、丢各种证件等等，每天都有大量的案例在不断发生，且由于各种问题出现矛盾。如果没有标准的服务策略（规则 + 流程），乘客要求司机送回，司机通常都不会接受，而有的乘客会认为“送回东西”就是平台服务之一，于是就产生冲突。

先从这件事的权责来看，应该认为乘客需要承担责任，这也是社会大众能够接受的判责方法。最著名的过失认定的法律原理是汉德公式，$B < PL$，当某当事人避免意外所付的成本（B）低于意外发生的概率（P）乘以意外发生以后的预计损失（L）时，该当事人就应该承担责任。用经济学家科斯的社会成本理论来看，乘客避免遗失物品意外的成本（注意检查自己的东西），和司机避免此类事件发生的成本（反复提醒乘客，下车后检查车厢等）相比，也显然前者小得多。

因此，权责的基调是相对容易判定的。难以解决的，是真正发生之后，乘客有意愿承担责任，司机也有意愿归还时，仍然存在的各种麻烦问题。

我们先说最简单的场景，也就是乘客下车，突然发现自己钱包不见了，这时候车没开出太远，那乘客打电话给司机，让司机在路边停一下，或者在路程很短的情况下司机折返帮忙送还，都是可以接受的。（滴滴有号码保护，在订单结束时就无法联系对方，后来改为 48 小时内仍可以通过号码保护联系。）

而有时不会这么简单。用户叫了一辆车，司机突然说："不好意思，我要在路边停几分钟，因为刚才的乘客有东西落在车上，他正在赶过来取。"这是一种略复杂的情况：车上有乘客了。由于存在时长费，上一个乘客取东西的成本，实际上由后面的乘客来支付了，显然对后面的乘客不公平。线下常见的自发解决方案是，上一个乘客会发一个红包给司机，司机再转账给下一个乘客（或提前结束计费）以弥补下一个乘客的损失。因此，就这些信息来看，平台的策略可以是：建议协商解决；司机没有义务即时返还物品；很难协商解决的，客服介入。

然而，大部分情况下，客服介入发生在司乘很难就如何返还达成一致时，通常不是司机不返还（司机不返还违反了前文提到的权责判定，甚至属于"盗窃"，暂不是这里要讨论的）。司乘就如何返还达不成一致，也通常都是因为返还方式和费用的问题。常见的返还方式有以下几个：

- 司机开车送回，一般是比较着急的情况；
- 司机快递送回，不太着急的情况；
- 司机放在什么地方或者顺路到哪里的时候放下；
- 乘客去找司机取。

以上方式中，最不存在沟通问题的是第二个，快递送回，因为快递费用是相对标准的，司乘双方容易达成一致。而第三个和第四个方式，由于沟通成本通常特别高，除非很巧合的情况（比如司乘住得比较近），不然时间地点都匹配的难度太大。

就常见的前两种方式，平台可能更需要对第一种即开车送回提供标准化的流程，主要是标准化的定价，这样就能大幅降低沟通成本，本质上就是提升效率乃至提升体验。所以最简单的方式，就是乘客可以发起一个订单，定价与乘车订单一致，结束订单时乘客支付费用。

送回还存在的问题是：乘客愿意支付，但此时司机车上有乘客；或者司机现在要回家休息了，不愿意送回。于是对这时的策略也要考虑周全。司机有进行中的订单时，可以拒绝现在就送回。而司机没有订单时，是否要强制司机送回，就要谨慎思考了。

如果平台的策略是司机必须在多少天内送回，这时产品方案也需要做拆解。比如乘客只填写终点的话，司机可能会故意选择非常远的起点；或者乘客填写可以接受的距离范围，但司机如果没有进入这个范围，依然无法生成订单…… 总之，对于许多衍生出来的意外情况，也许还是要人工客服介入解决，成本反而比做成线上产品要低得多。

不过这里也要提一句，做服务策略，是不可能把“看起来不好解决的问题”都甩给客服的。因为客服并不是全能的决策者，他们只是策略的执行者，如果一件事情没有权责判定、处理流程，面临纠纷的时候，客服也完全不知道怎么办。

以上只是分析了司机确认发现失物的情况，还有的情况是后来的乘客拿走失物却不承认，或者司机拿走却不承认（无音视频证据或其他有效证据），或者谁也没拿但就是不知道去向。在这些情况下，因为滴滴只是民营企业，是没有强制执法权的，无法强制后续乘客或司机承认，或强制他们做一些事，所以就需要更复杂的权衡，失物也更难找回。

2016 年 12 月，滴滴客服等多部门建立物品遗失专项小组，到 2019 年 3 月的两年多时间里，把乘客遗失物品找回率从 38% 提升至 68% 左右。但要注意的是，发现一个问题的前半年解决率往往提升较多，但越往后提升难度越大，呈现快速的边际递减趋势。每找回一件失物，滴滴客服平均需要拨打 6 通电话。68% 以后的提升将会很难、很慢。在此建议读者，出行要养成下车前检查随身物品的习惯，一旦忘记物品，有三分之一的概率是找不回来了。2019 年 1—3 月，乘客打滴滴申报的遗失物品超过 41.9 万件（419 663 件），其中 31.2% 的物品无法找回。如果按这个数据预测，2019 年乘客打滴滴将申报遗失物品 200 万件，约能找回 130 万件，找不回 70 万件。

4.4.5 关于乘客中途需要修改目的地问题的权衡

在过去，打网约车都是不能修改目的地的，或者说没有提供相关的功能。乘客修改目的地时往往都是直接跟司机线下沟通，导致许多纠纷发生后，司乘口径不一，出现很多问题。

于是，后来乘客都可以在线上修改目的地。而这又导致了乘客认为这是“应有权利”（提供了功能，确实就算默认允许了），于是会随意修改，仍然会与司机发生冲突或纠纷。这是司机中途取消订单，甚至中途甩客等严重问题的主要原因之一。

那么，乘客是否能随意修改目的地，或者说司机能不能拒绝修改目的地呢？关于这个问题，产品流程肯定不是难点，难点就是策略，即到底该怎么定权责。

从司机角度看，对乘客修改目的地会有很大的反感，实际影响主要是订单可能从高价值变低价值（最直接的体现是新订单收入降低，或目的地是很难接新单的冷区），司机产生不满。从道理上讲，司机本来是无条件接受派单的（特殊情况下司机可以表达意愿，选择顺路订单、不接远距离订单，对这类订单乘客是不能修改目的地的），也应该无条件接受中途修改目的地。

其实不然，一开始接受任何目的地与接受中途修改目的地之间还是略有差别。司机一旦接到可能严重影响收入的订单，会第一时间跟乘客沟通取消订单，或者自己取消订单（有责）。而中途修改目的地，司机前期的接驾成本已经付出了，再加上大概率会跟乘客发生冲突，这也属于成本的一部分，因此司机对此是更加反感的。

从乘客角度看，需求发生变更是常见的情况，此时结束订单重新叫车的体验当然很糟糕。在大多数乘客的惯性思维里，修改目的地是正常的需求。

那我们怎么权衡呢？一种方法是对标出租车。在出租车行业，拒载和中途甩客都是严格禁止的，司机是不能拒绝修改目的地的。但是，这种方法无法解决司机的感受问题；另外，虽有规定，但出租车司机冒着风险拒载和中途甩客的情况也并不鲜见。

另一种方法是用服务理念指导。比如，淘宝就有“消费者 > 商家 > 平台”的指导思想，假如网约车平台也有“乘客 > 司机 > 平台”的指导思想，可以在此案例上认为乘客有更大价值空间。不过，这同样不能解决所有问题。若是遇到任何利益冲突都简单套用此指导思想，最后的结果就一定是没有司机的生存空间了。任何公式和抽象概念，都要考虑约束条件。

那应该怎样考虑这个问题呢？还是从问题可能引发的结果来看。先说两个前提条件。

第一，跟出租车行业相比，网约车平台对司机的约束力其实是弱了很多的。出租车司机与出租车公司是雇佣关系，公司对司机有更强的管控力，司机的工资是跟他的表现严格挂钩的，而失去一份有五险一金的职业，且要损失租车的费用，成本很高。网约车平台的司机除了与租车公司签了几年协议的，离开的沉没成本大都比较低。在网约车司机的管理或运营中，形式和思路其实更像运营 C 端用户，司机的体验不是不需要考虑的问题。

第二，更关键的问题是，各地的供需情况不一致。也就是说，有的地方司机本来就稀缺。那是不是应该区别对待，在这些地方，对司机优待一些，哪怕会损失一些乘客的体验，以保证更多的乘客需求被满足？如果这么做，长期来看，乘客的需求满足率会更高但满意度会下降。于是，我们的问题变成了效率和经济的权衡问题，而不是道德和价值观层面的考量。

让司机体验不好，会造成司机的流失，或者长期来看，是运力成本的提升（每获取一个运力的花费），这个成本是一定会摊在乘客头上的。所以此问题就变成了乘客在修改目的地上损失的体验和定价提升之间的权衡。在某些地区，运力可能是极端不足的，损失一个就拉不回来了，实际要权衡的是乘客在修改目的地上损失的体验，和有时可能打不到车而损失的体验，究竟选择哪个对整体生态更优。

4.4.6 关于司乘纠纷判责价值观的权衡

从司机接到订单开始，到乘客下车并完成支付，整个过程存在大量人与人的触点。人的行为不像机器算法，我们不能期望所有人都按照设定的方式行动，于是，在双方交互过程中，就可能发生各式各样的纠纷。滴滴客服团队有近 9 000 名客服，7×24 小时提供服务，日均处理 30 万进线，涵盖了超过 2 600 个不同场景的问题。面对大量的服务纠纷，平台首先要做的就是建立快速、准确的判责能力，这是网约车平台的常见难题。

我们先说一个典型的场景：司机和乘客都如期到达上车点附近，但因上车点复杂的交通状况，加上司机与乘客的方言口音问题，沟通不畅，双方多次通话后仍然找不到彼此，最终司机只能取消订单，乘客、司机均表示不满。此时，平台应如何判断责任归属？是否要惩罚责任方，补偿受损方？

站在司机和乘客角度，自己都按约定到达了上车点，且多次主动联系对方，均表现出了极强的履约意愿。此时，若乘客要求平台惩罚司机的“主动取消”行为，或司机要求乘客支付“空驶补偿”，平台就陷入了两难境地。滴滴每天有数千万订单，这种棘手情况并不少见。

有人提议按“顾客就是上帝”的原则来处理，司机有义务多付出一些：在没有接到乘客的情况下，都不能主动取消订单。但这显然是偷懒的决策，司机要赚钱，时间就是金钱，如果乘客未准时出现在上车点（司机到达后被乘客要求再等一会儿的情况很多，但大城市中很多位置是禁止司机停车等候的），要求司机无休止地等待乘客是不公平的。若如此简单决策，长此以往，司机群体必然怨声载道。

那应该如何思考这个问题呢？还是从矛盾根源入手。本质上这是一个“判责不清”的案例，惩罚任意一方都不公平。可见，通过惩罚一方来补偿另一方的方式，是我们陷入死结的原因，这是典型的“跷跷板”价值观，即“偏袒一方，另一方即受损”。

破局之道，在于将价值观从“跷跷板”改为“弹簧”。

首先，我们需要将双方的判责分离，即乘客无责不代表司机一定有责，反之亦然。这样，就在“司机有责，乘客无责”“司机无责，乘客有责”的结果之外，新增了一种“判责不清”（双方有责或双方无责）的情况。

其次，通过引入“平台”这个角色，在判责不清时，由平台介入以承担补偿责任。如此，就赋予了判责系统弹性，一部分问题迎刃而解。在“判责不清，平台承担”的价值观指导下，滴滴相继推出多个判责、补偿相关产品。

其中，颇具代表性的产品是“平台垫付”功能。在订单结束后，乘客可能不会及时打开 App，会直到下次打车时才支付。在司机侧，就表现为订单完成后迟迟未收到车费，司机焦虑感强烈。平台推出的垫付功能，就是先将车费给到司机，再向乘客追要车费，时间差之内的资金成本由平台承担。

一段时间之后，平台将垫付订单比例提升到很高，只有极少量的订单因为风控等原因未行垫付。但即便如此，产品团队还是会收到大量司机“未收到车费”的抱怨。经分析，未垫付比例虽然降到很低了，但考虑到滴滴每个月有天文数字般的 7 亿订单，仍有大量司机在一个月内会碰到未垫付订单。此时，平台有两种选择：一是要求更多乘客在订单前支付，虽影响乘客体验，但可以大幅降低坏账风险；二是升级垫付标准，只要司机没有问题，即使订单已被明确识别为作弊订单，平台也将车费垫付给司机，由平台承担坏账。

因平台未能在乘客发单前识别坏账风险，属于“判责不清”的范畴，所以平台未及时拦截，导致司机承担后果。按照“判责不清，平台承担”的价值导向，最终由平台先承担这部分成本，再通过优化识别策略、模型，逐渐降低成本。

从平台角度来看，这种价值观虽然为平台增加了成本，但如果司机长期抱怨连天，一定会导致更多司机流失。所以，这个问题最后还是可以转化为效率、经济层面的权衡。最后，从结果上看，在这个价值观的指导下，在司机侧关于“规则公平性”的各项口碑、体验指标有了质的提升。

在此之后，滴滴内部还逐渐理解了“上游问题上游解决”“用户认为不公平就是不公平（以大众评价为参照系）”两个价值导向。以前者为例，通过分析判责不清的场景，我们发现其中的根因都来源于“上游”。举个例子，司机开错路导致迟到，不一定是司机主观恶意，有时可能是平台导航提醒不够及时。相比于平台承担判责成本，通过推动上游重视并解决问题，是效率更高的方式，这背后都是对成本的权衡。值得一提的是，因为平台承担了“判责不清”的代价，“上游”体验瑕疵背后的代价或改进收益忽然变得特别容易衡量。在此之后，要推动上游部门解决问题，也就容易多了。

5.

产品经理的选拔与成长

这里所讲的产品经理的选拔与成长，更多是希望给大家提供一些不同的视角和维度，把选人到用人的过程变得如同做产品一样，让培养者和被培养者互惠，互相充分创造价值。

5.1 产品经理的选拔

前文已经介绍过，现实中产品经理的工作职能可以分为需求、生产、销售、协调四大类，每一类工作职能又各自都有从最低阶到最高阶的不同工作内容。用一句话形容就是“一千个公司有一千种不同的产品经理”，在不同行业、不同企业、不同阶段，有不同团队认知时，产品经理的具体分工定位是不同的，与多个职位互相重叠交叉，而产品经理分工定位的优劣对错无法简单评价，而且，制度一旦开始演化就有自我强化和收益递增的特点，越成熟越只能因势利导。所以，不会有一种通用的产品经理选择标准适合每个公司，最好的产品经理一定是跟公司的业务特征和组织特征相适应的。

但行业里说的优秀产品经理，一般是指市场需求导向的、擅长决策的产品经理，本章介绍的选拔机制主要面向这类产品经理。优秀产品经理较依赖洞察和思维，知识性内容对这个职业的价值有限，脱离实践的学习培训并不能保证输出合格人才，所以没有对应的学科。

5.1.1 产品经理选拔的一些误区

过去三年我面试了500多个产品经理（既为了保证滴滴产品经理的平均水准，也为了刻意学习怎么挑选产品经理），从各个维度去分析他们的特征，先发散再收敛和总结：不同的产品经理都有哪些共性、哪些个性，然后分别匹配什么工作内容。

然后发现，很多高职级产品经理的专业能力和他的职级是不匹配的，主要原因是每个公司的职级评定标准不一样，虽然其他职业也会受这一点的影响，但产品经理这个职业的非标准化属性导致这个问题更严重。

总结下来，市场上的产品经理职级，其背后影响因素众多，如：

- 能力：专业能力，业务能力，管理能力。
- 素质：品性，潜力。
- 岗位：业务规模，团队规模，边缘程度。
- 绩效：战功，绩优，业务增长。

- 资历：领域经验，工龄，履历背景。
- 博弈：稀缺性，谈判能力，跳槽升级，高薪倒推，离职挽留，让位补偿。
- 评审问题：随机性，临场表现，评委水平，作弊，领导强推。

你是否遇到过某些产品经理，觉得他职级挺高、背景挺强，但好像水平一般？就是以上原因导致的。

晋升标准无非是绩效、能力、潜力三者间的权重分配，没有绝对合理的标准（尤其是产品经理职业的工作内容差异大）。

晋升和职级标准制定的理性目标应该是为公司发展服务。那么，最合理的标准需要考虑公司内部业务和人才的现状、未来发展预期，来决定公司未来一段时间应该侧重激励什么。比如侧重短期绩效，则人人争先，短期内公司会有较强的战斗力；如果注重潜力，优先选拔高潜年轻人，则对公司的长期竞争力有利；如果注重专业能力，则公司的产品质量或技术含量会领先；如果注重协调沟通和文化价值观，则公司的组织能力和大规模作战能力会有优势。另外，公司制定晋升和职级标准，还要考虑内部的文化历史惯性和理解能力，以及外部大众的接受度，考虑在相关人才市场上的稀缺性和企业的竞争力。兼顾了上述约束条件，还最有利于公司短、中、长期发展目标的，才是理性的晋升和职级标准。

产品经理绩效的定义可以差别很大，体验、收入、增长、创新、进度、效率、产品架构设计、组织建设、业务方满意度等均可作为判断标准，收入还可以分为侧重短期数字指标和长期总收入最大化。对产品经理能力的定义也可以差别很大，专业能力、业务能力、管理能力就是三种完全不同的发展方向，但它们都可能创造巨大价值，所以要把合适的人放在合适的岗位上。

资深产品经理的级别升高，在企业里越来越重要，他的素质、潜力、品性的重要性（相对专业能力）会越来越高，这是因为高阶产品经理通常是一个中枢岗位，要协调很多团队间的工作，要权衡很多员工和很多用户间的利益分配。

有些人的职级高，可能是因为他负责产品的业务规模大，或者团队规模大，或者给边缘业务的优待（边缘业务难吸引优秀人才，需要额外福利）。这样的晋升明规则或潜规则本身没有错，是符合企业利益的，但总会有聪明人会钻漏洞，比如拼命地招人以扩大团队规模，或者拼命做大业务规模以追求不健康的增长（一般是不计 ROI 的高额营销资源投入，或透支公司整体的品牌口碑）。

职级晋升看重领域经验、工龄、履历背景的企业也是有的，如果追求业务稳定发展，这也没什么错。还有些情况是因为稀缺性，某些人才很稀缺，就容易获得更高的薪酬和级别。还有些情况是，员工被猎头或朋友诱惑得到了好的工作机会，想离职，那么企业为了挽留他而给他加薪升级是很常见的。也有些公司的薪酬级别对应关系较严格，有的部门要招进某个高薪人才，就会给他申报更高职级。也有些人因为项目烂尾（不是他的过错）补偿晋级，或者被调去边缘岗位而补偿晋级。还有一些职级错配的原因，可能是评审有随机性，或者某人是擅长做 PPT（演示文稿）的演讲型选手，做出把他人的业绩说成是自己业绩的作弊行为，或者领导强推特批帮助晋升等。

所以，我们面试产品人才时，不能只看候选人的临场表现，还要根据掌握的各种背景知识和产品人才参照系，去分析候选人的真实情况，然后再结合企业特定岗位的背景，选择最合适的人选。

有些人招聘挑选产品经理会采用简化判断的方法，比如看重有几年经验，是不是大公司出身，参与过的产品是否知名，以及把职级高、管的人多、毕业学校好、懂技术作为加分项。如果你是一个招聘者，在不是招特别重要的岗位时，或者公司极速扩张需要大规模招聘时，那简化判断也是有效方案，牺牲质量换效率。但这种简化判断是有问题的，如果某个具体关键岗位招人，就不能这样做了。产品经理如果也按上述标准去评估自己和规划自己的职业发展路线，必有远忧。产品经理最重要的是思维决策能力，不是这些外在表象，真正优秀高潜的产品经理是很少的，按这些表象挑人很容易错过真正的人才。

比如说“毕业学校好”这一点，通常在招产品经理时被当作加分项，但对有些公司来说，在招应届生或低年限新手时，其他条件相近的情况下，毕业于清华、北大是减分项而不是加分项。这倒不是说清华、北大的学生不如其他学校的学生，而是要从未来稳定性这个角度考虑企业收益最大化。具体来说，在其他条件相近的情况下，如果是普通学校的新人，招聘进来学习两年产品经理相关知识后，他在市场上能轻易找到的可能是一个非一线公司的产品经理岗位或者一线公司的非核心产品岗位，而且跳槽后的加薪幅度可能是常规的 30% 左右，但是考虑到迁移成本，他不一定会跳槽。相比之下，同样时间招进来的新人，同样当过两年产品经理后，加上从清华、北大毕业这种有高流通性、高附加值的属性，他能轻易找到的可能就是一线公司的核心产品岗位，加薪幅度也容易超过 30%，那这对企业来说人才流失风险太高了。

一个员工在企业的某个岗位上，这个岗位对他的价值不是你付给他的工资，而要减去机会成本才是他真正的利润。假设你付给他年薪 100 万元，但是他在外部的机会成本是 80 万元，那企业当前岗位给他的真正利润是 20 万元，他就会很稳定地待在企业内。（为方便理解，这里只算了钱，没考虑业务机会、其他个人学习成长和个人综合福利。）又假设你给他年薪 100 万元，但是他在外部能找到的机会成本是 150 万元，那么企业当前岗位对他的价值是 –50 万元，那这个人能稳定待在企业吗？而流失一个良好产品经理对企业来说代价是很高的，很不划算，所以最好的做法是：一开始就不招聘他，把机会给另一个人，合适的才是最好的。

当然，好学校出身是减分项这一点，不是唯一决策条件，还要结合其他条件综合权衡取舍。如果你的业务在高速扩张中，或者你招的这个岗位不怕人员流失，那也可以招；或者这个人的产品天赋潜力是A类（具有深度思考能力或超常的同理心），你不在乎他是什么背景，你一定能找到足够的空间给他，那也可以招。所以，很多东西都是要综合权衡的。

同理，如果不是招新人，而是招聘关键岗位的资深产品经理，除了要考察候选人的真实能力和潜力，考虑他与企业特定岗位的匹配度，还要考虑的一点是，招聘进来后，候选人在未来两年内的薪酬、级别和个人能力的综合成长有多少空间。如果有较高把握会让候选人有不错的成长，那么这可能是个好交易，候选人的稳定性和产出也会比较有保障。

空降高阶产品经理，成功率天然就是低的。这是因为，产品经理这个职业既需要纵向深入理解业务，又需要横向跟很多团队深度协作，所以空降高阶人员天然就要付出很高的熟悉成本和磨合成本。产品经理做决策还无法都用数据和事实说话，必须依赖知识和数据背后的判断和理念，而空降新人不可能与原有团队总是达成共识，这也使得基层产品经理遇到上级换人和技术运营搭档换人时，如同跳槽一样难以适应。于是，空降高阶产品经理的常见结果就是走一批原来的下属产品经理。只有在这几种情况下，空降高阶产品经理的成功率会高一些：任务是复制一个产品；开始一个新产品；灾后重建，原产品出了大问题，人心思变；有巨大新要素成熟，给产品带来创造巨大新价值的机会。

5.1.2 关于产品经理的分类

产品经理是个非标准化职业

有的职业可以做到流程标准化，像卓别林在电影《摩登时代》中扮演的流水线工人，流程规定你什么时候做什么动作，你只要按流程做动作，就能得到计时或计件报酬，这种职业不需要精挑细选员工，也不用在意员工的创造性、价值观、协作性、个性和思考能力等，某种程度上只是把员工当作机器。

有的职业做不到流程标准化，但可以做到输出标准化，这就可以按输出给报酬。比如很多销售职业，还有一些能用简单的数字化 KPI 实现有效管理的职业，都是输出标准化的职业。这种职业，虽然存在人才差别，但对挑选人才的要求也不高，因为可以赛马，可以用量化结果来筛选人。不过，有的企业会存在滥用标准化的问题，对一些并非输出标准化的职业，也用简单的数字化 KPI 管理，这一般不会有好结果，或者短期内有收益但牺牲了长期价值。

还有的职业做不到输出标准化。比如，每天输出 1 000 行代码的工程师就比输出 900 行的好吗？一天看了 30 个病人的医生，收入就应该高于看了 20 个病人的？那肯定不是，这些不是输出标准化职业，输出价值无法简单量化。但也有不少职业可以做到技能标准化，就适合主要按技能高低支付报酬和选人。基本上，能够拿证书的职业、专业评级有效性较高的职业就接近技能标准化。这种技能标准化的职业一般是可以通过有效学习和培训获得技能的，大学专业培养或系统训练可以量产普通合格人才。

但是，产品经理连技能标准化都做不到，专业能力无法通过学习标准技能获得，我们没办法开设一个产品经理专业或培训课程去量产人才，因为产品经理的真正关键能力，不是能学习的知识（虽然产品经理也需要学习相关知识和技能），而是在实践中权衡取舍和持续迭代以追求价值最大化的能力，这种能力只有在实践中训练和验证。（当然，如果一个岗位只需要产品经理做 App，这种产品经理是可以培训量产的，也有跨产品的通用性。但过了 2013 年前后的 App 供给极度稀缺期，现在这种产品经理已经供大于求了，不好找工作还报酬平平。）

可标准化的职业就可量产（生产速度依然不同，受其他条件制约），标准和量产都能降低招聘挑选难度。但产品经理的专业能力、工作内容、企业需求都是非标准化的，所以行业内有一句话：一千个企业有一千种产品经理的定义。

产品经理不是输出标准化的职业，产品经理的产出（产品成功）往往受到企业和环境的巨大影响，以产品结果来衡量产品经理的能力不尽合理。对一个产品经理能力（成绩相关性）进行判断，应该按三维归因原理，从产品经理、合作团队和企业、环境机遇这三个维度分别分析还原。

综上所述，准确地说，好产品经理的“好”，一定是跟企业需求相适应的，不存在统一标准。但是，为了简化提高工作效率的判断，我们还是要找出一些简单规律，来辅助选拔出“好的”或“潜力高的”产品经理。

按天赋高低分类——ABC 分类

A 类：有深度思考能力或超常同理心

对产品经理来说，深度思考是指习惯思考事物背后的本质，且在同等条件下，对事物的洞察更深或更快。能深度思考的人很少见，但只有借助于深度思考，在微观场景和宏观背景下发现并理解事物的共性、差异性和各种因果关系，才能在这个现实世界中不断总结出规律和特点，提高未来决策和行为的成功率。

知人知面不知心，科学方法只能高效处理客观行为，行为背后的心理动机却无法确定和验证，这就需要产品经理带着同理心来工作。同理心是指能够站在别人的角度去思考，并准确地察觉和判断别人的感受。同理心是天赋本能，每个人多少都会有，后天也能通过刻意训练适度提高。当然，有超常同理心的人也很少见，但一旦有，做产品经理就极具优势。

世界上永远不会有两场相同的战争，产品经理也面临相同情况，永远要在变化的环境中去发现和解决新问题，这其实是一个要永远保持创造性的工作，如果产品经理的先天天赋占优，同等条件下的创造性和输出能力也会占优。

A 类产品经理很少见，这跟智商、经验、级别都不一定有关，更多是跟特殊天赋和潜力有关。事后分析一个产品或行业的得失和规律相对容易，很多人都能做得不错，但当产品和行业还处于结局不确定的发展过程中，就能更早更深地察觉到市场需求和行业方向的特质是企业最希望产品经理拥有的，这也是我们总在努力寻找 A 类产品经理的原因。

A 类人才里面当然也会有强弱之分，但是，只要符合 A 类标准就够了，甚至只符合 B 类标准，掌握了科学方法又经过充分实践历练，也够了。因为，对于大多数产品经理来说，创造成功产品的主要瓶颈还是机遇，如果能够抓住好的时代机遇，时代会推着你走。

B 类：逻辑清晰且有产品心

对 B 类人才的要求真的很低，只要符合以上两点，又没有明显缺陷，面试一般都会通过。产品心，指的是真的喜欢做产品，真的喜欢做产品经理，也想做好这个产品，能从产品工作中感受到乐趣，而不是功利心特别强，优先因为高薪、职业声望、权力、追求短期绩效等因素而做产品经理。

逻辑清晰不用详细解释，大家都容易理解。值得一提的是，在滴滴产品部组织的 MBTI 人格类型测试中，有 60 名核心或高潜产品经理参加，结果最多的人格类型是 INTJ（内向直觉思维判断，专家型）、

INTP（内向直觉思维知觉，架构师型）、ENTJ（外向直觉思维判断，领袖型），共有 36 人（占 60%），而这三类人格在正常人口统计中只占 6%~12%（基于几个不同的统计）。NT 类人格代表着理性思考，运用理智和逻辑处理问题，关注事情的重点。当然，还有 40% 的核心或高潜产品经理是其他人格，分布广泛，所以测试结果不是这三种人格的产品经理也不用在意。

C 类：不适合从事产品经理职业

逻辑不清晰，同理心明显弱，功利心过重，都不适合从事产品经理职业，至少不适合成为高阶产品经理，因为高阶产品经理需要面对大量的权衡取舍，没有上帝视角会降低决策质量。

缺乏职业热爱，期望工作朝九晚五和休闲生活，不爱加班的人，不适合从事产品经理职业。因为这个职业需要持续积累大量用户样本，不花大量时间是不可能合格的。

自我认知过高的人，不适合从事产品经理职业。有些背景和智力不错的候选人，因为自我认知高于他的实际情况，也明显不适合。常见现象是，有些人觉得自己就读学校好、学历高就有优势，但其实，这些与从事产品经理职业的成功率没有因果关系，最多在统计上成功率高一些，但也有限。

不爱思考，缺乏好奇心，自以为逻辑理性但过分围绕事物表面信息思考的人，不适合从事产品经理职业。

点子多、爱思考，但又缺乏实践精神，抗拒或不重视事实、验证、反馈、迭代的人，也不适合从事产品经理职业。

必须提醒的是，ABC 分类法只是一种简化方法（而且只是对天赋和潜力的分类，不是对当前能力的分类），人并不是按这种分类标准成长的（大多数试图把人分类的标准都有这个弊病），所以准确率是有限的，也一定会有很多适合企业需求的好产品经理并不符合这种分类中的任何一类。

另外，因为 A 类产品经理真的很少见，而 C 类人又不会被招进来（市场上存量还是很多的），故产品经理基本上都是 B 类。而且 A 类产品经理的天赋不是决定其产出的唯一关键因素，思维决策能力也是可以通过有目的的学习得到提高的，掌握科学方法可以有效提高产品经理的产出，充分利用好优质实践机会更是能让 B 类人经历超额历练，这些条件都可能让 B 类人实现 A 类产出。而企业最终是只看产出的，你有 A 类的产出能力就是 A 类人才，就能获得相应的待遇。

产品经理的高低分级

产品经理的高低分级是个难题，分级有效性远低于与之关系最近的研发工程师，原因多样。

首先，职级区分最终是为企业绩效服务的，而企业的业务特征、人才结构、发展阶段、面临的竞争环境和优劣势都不同，对企业益处最大的职级标准也会不同。当然，技能标准化的职业，容易形成一定的默认行业标准，那么企业一般也会迎合这个标准，因为这么做会使人力资源建设的交易成本最低。但产品经理是非标准化职业，也就无法形成默认的行业标准，也就出现了前面提到的决定产品经理职级的复杂要素。

其次，前文提到过，职级高低的标准主要是绩效、能力、潜力三者间的权重分配。

产品经理的绩效通常都依赖于产品成功，但产品成功往往主要不是由产品经理自己的能力和决策质量决定的，不同程度上（有时是很大程度上）取决于企业和环境机遇。

产品经理的能力包括专业能力、业务能力、管理能力这三种完全不同的能力，中间如何对标拉齐体现公平性和有效激励，极具挑战性。

产品经理的潜力也有较大的不确定性。比如企业可以高薪招聘今年毕业的所有计算机专业学生中的前50名做研发，十年后，提前多给的那一点高薪成本几乎可以忽略不计，因为他们大多会成为企业的核心骨干，他们中的多数人也仍然会是行业中专业能力最优秀的。但如果企业高薪招聘今年毕业的所有中国大学生中的前50名做产品经理呢？先不说没有鉴别优劣的有效方法，即使按照学校成绩、社会活动、思维谈吐、实习经历等常规因素选拔出前50名，十年后，其中有几人能成为行业中最优秀的产品经理？这里的不确定性太高了，受外部因素影响太大了。也正是因为以上原因，如果优秀的研发工程师的薪酬增长曲线从毕业入职开始是一条上升的斜直线，那么优秀产品经理的薪酬曲线应该先是上凹线（前期低于优秀研发工程师），后是下凹线（约五年后，实践验证过的优秀产品经理作为批量淘汰赛的幸存者，有极高稀缺性，市场价格可以反超同龄优秀研发工程师）。但二者的远期趋势却是殊途同归交于一点，不再有明显的高下之别，因为这时作为企业高级管理者的价值，更多是由领导力、人格、历史机遇等其他通用要素决定的，而且一荣俱荣一损俱损，二者的绩效互相影响。又比如，另一个和产品高相关的职业——运营，其职业特质更偏重短期经营绩效，主要按短期绩效分级也相对容易些。但产品经理还需要考虑产品的长期绩效，长期绩效的贡献要怎么评估？部分绩效等两三年后再来评估吗？这显然不现实，这也是评估产品经理需要依赖预判，需要更多关注天赋和潜力的原因，是为了未来有不确定的长期价值收益。

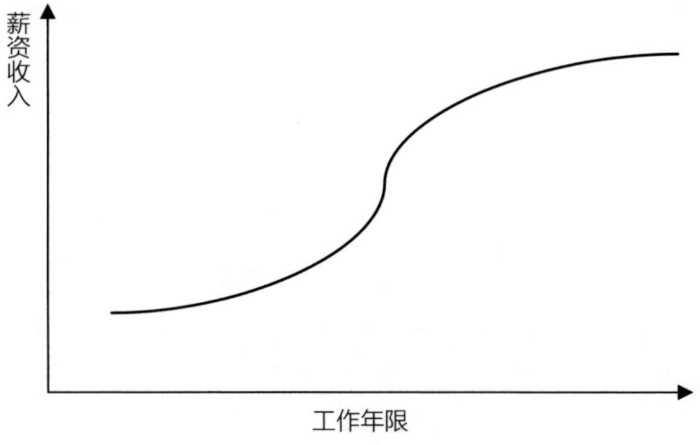

图 5–1 优秀产品经理薪酬增长曲线

因为这些原因，产品经理的高低分级，如果仅仅粗分为四级还算容易，按对应的年薪价格可以分为：学习期，50 万元起，100 万元起，200 万元起。大部分产品经理，如果没有特殊天赋或特殊机遇，又没有付出特殊努力，也就止步于年薪 50 万元了（按现在的购买力，按一线城市薪酬），因为类似人才是可以量产的，所以没有市场稀缺性。一个逻辑清晰、有产品心的 B 类新人，进入一个还可以的产品环境，扎实实践成长四五年后，就是年薪 50 万元的产品经理。顺便也建议产品新人，不要都盯着几个著名产品经理对标，时代不同了，现在没有那么大的新要素红利，不会在短期内出现很多大用户量新产品。对于非计算机专业的学生，能成为产品经理就已经很幸运了。想想每年 800 多万毕业生，有几个职业、多少人基本能在毕业五年内年薪到达 50 万元，而且做的事还令人有成就感，往往有机会创造较大的社会价值？想想其他三百六十行，有多少人才的天赋和后天努力毫不逊色，也能成为行业专家，但仅仅因为行业限制，年薪一二十万元就到顶？

但粗分四级只是良好愿望，现实中，每个企业都有自己的职级体系，这个体系要考虑的因素众多，也绝对不会以产品经理为重心去设计。所以，很多企业的职级都分得比较细，每一级的薪酬区分度可能不到 30%。怎么才能把非标准化的产品经理用 30% 的价值区分度区分开来？对很多企业的产品负责人和产品线人力资源部门来说，这是一个艰难的问题。

好在产品经理这个职业，本质上是少数人的游戏，每个产品团队的领导者和极少数骨干基本决定了团队的产出质量和发展趋势。所以，总体上，要关注每个团队的领导者和极少数骨干和高潜人员，关注他们的成长、晋升匹配度和心态，有时可适当权衡甚至拔苗助长。（公平性对企业长期收益非常重要，不建议也不需要进行特殊晋升，对产品经理的培养倾斜或拔苗助长，主要是通过分配恰当的、有挑战性的工作内容实现的，结果会自动生成。）至于其他人，跟着公司整体职级体系运行就行，不值得花太多时间，非标准化职业也没法算清楚，让人人满意。

低级别的产品经理分级比较好办，主要目标是分层和筛选。就像打游戏进入新手村，每隔一段时间升一级的心理激励是很有价值的，企业也是一样的道理，并且可以在这个过程中去验证和发现高潜人才，也发现应该淘汰的 C 类人。原则上，刚入行的新人，一到两年升一级（前五年可以按专业能力和业务熟练度分三级），七八成的新人可在五年后成为年薪 50 万元的合格产品经理，而其他两三成新人属于少量被破格晋升或者被淘汰的。（产品经理做到高阶后跳槽空降的性价比低，只在前五年有高流动性，流动性不是坏事，人的价值也需要在流动中被发现和验证）。

产品负责人的更换

进入企业五年后的资深产品经理，尤其是已经在企业深耕某业务的资深产品经理，对企业和他自己来说都有较高的替换成本，晋升、定级和换人要权衡的因素就越来越复杂了。

很多公司会遇到这种情况，幸运地把某个产品做起来以后，技术等部门对产品负责人不满意，这时公司决策者要怎么办？

泛泛而谈一般规律和方法可以，但到这件具体的事上，我是给不出结论的。

首先要说明，在不了解背景等丰富信息的情况下，并不能确定这是产品负责人的问题，还是技术部门的人的问题，还是其他环境因素的问题。一般来说，后两个因素导致问题是小概率事件，但如果某个具体案例恰好就是这样，小概率就变成100%的概率。需要观察一个个具体问题的解决方法和发生冲突的过程，才能确定问题的原因、权重，以及其中的各种利益冲突和观念冲突。

如果确定产品负责人是主要问题，那解决方法到底是换人，请他转去负责新产品，把他的工作分割一部分，打感情牌或利益牌说服他改变，还是进行团队建设，加强互相之间的理解等，还要具体看公司的业务发展战略和痛点、内外部候选人的能力和情商、部门内员工和其他部门合作者的观念（会怎么看待这种处理）。无过换将，一定是很不利的，损失确定，但收益不确定。一般来说，只有在少数不得不换的情况下才换，比如面对巨大潜在机遇、巨大打击后的灾后重建、功臣的弱点是拖累业务的关键原因等，并且最好对继任者能达到的业绩有较高把握。如果没有特别合适的人选，选择不换人，那就只能用管理技巧和组织建设技巧去改善，这方面自有擅长者和经典方法，我没有特殊方法。

对于这种情况，一定要说解决方案的话，一般来说有两个方法比较有用，但需要未雨绸缪，不能等到问题太严重了才考虑，那样效果就差得多。

一是尽早关注他的下属团队的质量、潜力、成长，持续暗示甚至逼他招聘人才，招人才、用人才也是可以练习的，即使开始不擅长，吸取几次经验后能力也会明显提高。

二是引入竞争机制。不要把所有鸡蛋放到一个篮子里，即不要让一个公司的所有产品工作都由一个人负责，否则随着业务的无限成长，总会到达个人短板妨碍业务增长的时候（除非这个人的专业能力或管理天赋高，又擅长学习进化），成为企业的困难。虽然很多岗位都会遇到这种业务规模升级后需要换人的问题，但因为产品经理岗位跟业务和各团队联系紧密，需要考虑长期利益建设，且只能在业务实践中成长，所以换人的代价远大于其他岗位。条件允许的话，尤其是如果有相对独立一点的产品，可以尽早扶持第二个产品经理成长，有了竞争和对比，双方和双方团队可能更快成长，技术团队等合作部门的不满也可能减少或者更有针对性。

5.1.3 如何培养好的产品经理

怎么培养好的产品经理？

第一，找一个有潜力的。

第二，将之放到一个有成长性的产品岗位上。

这样任务就完成80%了，若以上任一条件不满足，则无法培养出好的产品经理。

一方面，天赋和潜力决定了一个产品经理的成长速度和上限。另一方面，产品实践机会的质量也决定了一个产品经理的成长速度和上限。就好像缺乏军事天赋的人成不了孙子、韩信，但哪怕是军事天赋超过孙子、韩信的天才，如果生在和平年代或和平地区，即使入伍也没机会变成好将军。小规模战斗，即使多打几次且打得较好，能锻炼出的军事能力上限也还是较低的，如果想要能力有质的提升，则需要在大规模战争中学习，但这个级别的实践机会总是最稀缺的，要得到它，除了自己努力，还依赖时代性和偶然性。

那么剩下的20%又是什么？是培养产品经理对约束条件的权衡取舍，以及识人用人的能力。这些只能在事上教，只能通过一起分析解决一个个正在发生的问题实现教和学，只能通过一起分析每一次面试和一起讨论每一次员工评价来教和学，并在持续的产品迭代中持续验证、持续迭代和持续校准双方认知。所以，产品经理的教学也可以认为是师徒制的，每次能教或能影响的人非常有限，只是身边能密切讨论问题的寥寥数人，然后通过这寥寥数人继续去影响下一层能密切讨论问题的寥寥数人。

用户的体验也好，用户的自私程度和认知局限也好，各种正式非正式的制度习俗也好，各种技术、收入、成本、时间和组织因素也好，都只是互相冲突的约束条件。而产品经理最核心的能力修炼内容之一，就是掌握每一个约束条件的属性和弹性。只有在无数产品迭代和情境下应用、挑战和验证这些约束条件，才能逐渐理解它们的边界和弹性，然后在未来的新产品上熟练使用这些约束条件，以更高概率地实现创新和突破。

好的产品经理在很多情况下能为企业创造很高价值，但创造这些价值却也依赖岗位提供的资源和时代提供的市场机会。好产品经理也不可能独立成长起来，而是要依赖好的实践机会，依赖其他合作团队、市场机会。

一个成功产品是培养出一个好产品经理的必要条件，反之却不一定。当一种重要新技术或其他新要素找到合适应用，进入爆发期后，注定能创造巨大新价值，即使产品决策质量平庸一些，只要没被竞品拉开差距，也不会妨碍产品取得巨大的市场成功。（只有特定的“天选之子”能创造或能做到特定规模的产品，这样的情况虽然存在，但很难被证明或证伪。）在移动互联网发展后期的今天，产品实践机会已经变成最稀缺的资源，为每个产品实践机会去寻找、配备好的产品经理是值得的，一个好产品经理能提高产品的成功率和发展天花板。

因为培养产品经理严重依赖产品成长性，所以很多产品经理都关心一个问题，怎么才能确定自己选择的产品未来会成功？换句话说就是，在复杂的历史进程面前，产品经理真的有可能理性推出正确的个人选择吗？

理性属于方法，只能保证提高决策质量，不能保证得到正确的结果。这是因为，你的当前决策只基于过往信息，哪怕你基于过往信息的决策是完美的，也不能决定未来结果。因为未来结果还取决于未来其他人的行为和世界的变化，对于这些未来的行为和变化，你最多能预知具有规律性的大部分，却一定无法预知所有小概率事件和不确定性变化。所以，如果把“通过理性推理得出正确的个人选择”定义为保证未来结果正确，除非你对未来的信息也能完美预知，你的当前决策才能决定未来结果，这是不可能做到的。我们的问题和讨论应该为真实的人服务，就要先把“理性”定义限制在人的能力范围内。

在人的能力范围内，怎么才算“通过理性推理得出正确的个人选择”？一个人做出决策或选择时，人们是无法判断这个选择是否理性的。要等多年以后，人们意识到他当初的选择带来的结果已经是最好的，其他选择的结果更差，而且他当初做选择时的判断逻辑已经抓住了这件事的关键变量，人们没再发现其他关键变量，这样的结果才能算是通过理性推理得出的，而不是侥幸命中的。所以，“通过理性推理得出正确的个人选择”，需要定义为：多年以后，人们未能发现更好的选择，且当时的判断逻辑已包含做这个决策所需的所有关键变量。

很多事就是没法进行理性决策，比如未来不确定性很大的事，比如理性思考的时间成本对结果影响特别大的事。绝大多数人对很多事件也是不可能做出理性决策的，因为他们对世界的规律性的认知严重不足，或对事件相关信息的了解严重不足。

综上所述，在复杂的历史进程中，通过理性推理得出正确的个人选择，在特殊条件下是可能的。这些特殊条件包括：首先，这件事必须是适合理性决策的；其次，你确信自己已掌握了决策所需的所有关键变量；多年以后，结果自证你现在的选择是正确的，推理已包含决策所需的所有关键变量。

5.1.4 产品经理对企业的价值

产品经理这个岗位对一个企业的价值，影响因素众多，比如以下几项：

- 企业对产品经理角色职能的认知和分工。
- 企业的绩效 / 体验取舍、创新 / 保守取舍等偏好。
- 所负责产品当前阶段的复杂性和不确定性的高低。
- 产品经理个人专业能力和推动能力的高低。
- 产品即交易，企业以产品为媒介创造用户价值并和用户交换，为了促成交换，最能影响用户行为的变量有哪些，使用体验的边际 ROI 排在第几位。

除了以上几个维度，产品经理（对企业）的价值大小，可以简单总结成如下与三个关键变量有关的公式：

产品经理的价值＝经验等级 × 平台匹配度 × 智慧等级

经验等级会随着时间而增长，新人入行从业一两年，肯定会有明显的进步和差距，但是，如果一直做同一件事，会有边际递减效应，五六年之后的经验差距就很小了。五年差不多是个分水岭，产品经理入行五年后，基本上对该有的知识技能，产品怎么生产、怎么迭代，企业内部机制，都学得差不多了，对这个领域所有的用户、市场、政策、竞争、供给和上下游情况的理解也比较稳定了，基于相同产品的经验等级很难再拉开明显差距，再之后就更多是靠个人的专业能力、管理能力、潜力、性格来拉开差距了。这都是与领域相关的。

平台匹配度指的是产品经理的个人能力发展是跟平台深度绑定匹配的，产品经理一换岗位，平台匹配度就可能大幅度降低，于是产品经理对新岗位的价值就大幅度下降。产品是团队合作工作的结果，产品经理是中枢性角色，他要跟企业内部的很多部门和很多团队合作。同时，因为产品经理的很多判断是有不确定性的，所以他和周围环境必须理念相对一致，才能比较愉快地推动工作，要不然就会遇到较多争议。

比如有一个优秀的产品经理，可能做过社交类产品，并且遇到了好的实践机会，做过知名产品，当下他可能值 200 万元年薪，但是当他重新选择去做搜索产品，或者外卖、游戏产品，他可能就远不值那么多钱了，因为更换业务后经验等级大幅贬值了，更换公司后平台匹配度就都没了，都要重新学习适应。所以高阶产品经理空降很难成功，这是重要原因之一，越高阶的产品经理越是这样。如果是智慧等级不高的产品经理，只要一换公司，年薪 200 万元的个人价值就可能变成 50 万元，产出能力只相当于一个普通产品经理。

但是，如果你的智慧等级高，换业务、换公司后依然可以保持个人价值。招高阶产品经理的时候，就应该看重这个，假如他智慧等级高，哪怕他换领域了，个人价值也不会下降的，因为他可能用半年时间就能把这个领域快速弄清楚。智慧等级高，就是做同样一件事，能比别人更快更深地洞察。这样的人来到新公司以后，会对新领域有新的洞察，而且他原来的经验和思考也能被带过来，与新领域结合产生新的"化学反应"。

如果是智慧等级不高的产品经理，自己不容易有新洞察和创新，只会把旧经验带过来做复制性工作。如果你挖他来就是做复制工作的，那没问题，但如果你挖他来是做新领域产品的，他的旧领域经验就没什么参考价值了。

所以，产品经理的个人价值对每个企业、每个领域来说都是不一样的。高阶产品经理跨公司空降很难成功，如果要提高成功率，要么是去相同领域复制产品（能用上经验等级），要么做新产品（反正什么都是新的，站在相同起跑线上），要么做灾后重建（不用太担心平台匹配度，因为这时候大家都是零起点），要么就是巨大新要素正在改变行业（顺风行船，顺势而为）。

5.1.5 面试产品经理

面试一个产品经理，主要问两方面问题：

一是围绕他过去做过的某件事（一般是某个产品或某个功能，也可以是其他）进行深入提问。你开始为什么要做这个东西？你是怎么想到的？针对以后的情况你考虑了哪些方面和做了些什么？开始做的过程中遇到了什么问题？你是怎么解决的？发现了什么？什么东西和原来理解的不一样了？又发现了哪些相关的洞察，你和外部市场上的其他人对其认知不一样？在迭代过程中又是怎么做的？你现在对这件事情的认知有什么变化？如果再回到当初，你还会做什么？

就像这样围绕他做过的事情去判断他的洞察能力是不是高于平均水平。也就是说，绝对值，即所做产品的规模和成绩不是最重要的，还是要结合分母一起看。分母就是他做这些事所用的时间，他做过的产品事务的复杂性，他经历的市场环境和团队环境的挑战性。估计一个这种经验的产品经理应有能力的平均值作为参照系，再进行判断。不是说你做的产品规模大你就厉害，不是说你做过的事情多、管的人多，你就厉害，或者你的企业大、职级高、学校好你就厉害，这些都是分母，我们要找的是同等分母下的最大分子，这样的产品经理更可能在新岗位上有所成就。其实，这个时候如果候选人的表现差距不大，那么他的学校差，他做过的产品或待过的团队差，他的年龄小、经验少，反而可能是个优势，因为我们强调潜力优先，就是看重他可能带给企业的长期价值。天赋就是做同样一件事的认知、学习速度比别人快，或者上限更高，所以一定要以过去经历作为分母，以平均值为基准，来判断候选人潜力的高低。

二是问一件他不熟悉的事，必须是你熟悉而他不熟悉的问题，用这个问题来判断他在面对一个陌生问题时，是用什么样的方法和角度去切入、分析和求解的，这其实是为了看他到目前为止形成的思维框架。如果只是要招一个人去负责一些产品细节和性能的优化，或者产品日常维护和沟通之类的执行性工作，不追求推动产品创新和突破的话，那其实招一个有一定经验的 B 类产品经理就可以。但如果你是要找一个真正对业务结果负责的产品经理，他就要有良好的思维框架，对用户、对社会有足够的认识，思维方法论成熟，既要会发散也要会权衡、会收敛，在这个基础上才能进一步追求产品的创新和突破。所以要问他一个他不了解的问题，看他是怎么拆解这个问题的。

问过这两方面的问题，有个基本判断后，对于 B 类产品经理一般就不会再问了，然后请候选人提问，回答后结束面试。但如果遇到一个疑似 A 类的人，或者是职级较高的产品经理，你们就会继续聊，这时的问题并不统一，而是根据对候选人的一些判断，针对性地互相交流以验证和进一步判断，这时关注的重点一般是候选人的性格、志趣和三观（人生观、世界观、价值观）。

面试前看一下简历，一般能快速获得信息，面试数量多了以后，你会发现，特别好和特别差的产品经理，一般来说在简历上反映出来的特征还是比较明显的。

看简历的时候，通常需要考虑标签最大化效应。所谓标签最大化，是指人们爱用标签来最大程度美化自己，所以他可能是他特意给出的标签范围内最弱的那个。例如，如果一个人自称“从排名前三的学校毕业”，谁都不知道他具体从哪个学校毕业。候选人这么写简历，当然也不算什么过错，毕竟每个人都试图展示最好的自己，但我们可以根据标签最大化效应反推其能力。并且，还可以根据从后续面试中获取的信息，对照简历中的标签来判断候选人的总结能力和自我夸大的程度。

另外，简历中通常已包含应聘者对自我各项属性的认知，反映他三观的一些迹象，以及他对本次招聘方需求与偏好的判断，所以也可以根据简历推断他是否具有产品经理的关键属性。因为产品经理是要研究市场和用户的，必须有同理心，必须能站在对方角度思考问题，所以写简历要有针对性，但对其他职业不必这么要求。正常的产品经理应该在投递每一个不同岗位时，都重新设计简历的。如果从简历就能看出来他没有针对性，说明他的同理心、勤奋程度、对招聘企业的兴趣至少有一样不合格。

对于 A 类高潜人才和高阶职位，因为离职替换成本太高，所以面试时还要预判该产品经理入职后两年内的成长性和机会成本，预判留存率。也就是说，如果候选人入职，两年内他的升职空间、加薪空间、产品成长空间大概会怎样？他个人能力的成长大概会怎样？他的期望值和这些成长相匹配吗？两年后他在市场上的成功机会大概会怎样，公司留人难度怎样？

判断产品经理的管理能力主要看两方面：

（1）人际能力（团队内部的识人用人和激励能力，外部的协调能力）；

（2）决策能力（恰好也是产品经理的职业能力，只是除了市场权衡，还要进行内部人和事的权衡）。

寄望招一个产品经理，既要专业能力强，又要管理能力强，还要懂技术，这是不现实的，这只会大幅降低召回率，把合格人选范围缩小到找不着人的程度。合理的做法是，只有某产品岗位较依赖某方面的管理能力时，才偏重考察这方面的管理能力，在其他情况下，进行一个简单判断就行，候选人有管理天赋当然好，没有也无妨，只要他心态好、愿学习，未来做到管理能力合格总是可以的。

至于产品经理的专业能力，面试时一般从四个角度判断：

（1）批判性思维；

（2）同理心；

（3）用户模型；

（4）产品技能熟练度。

这里只提“批判性思维”而不提“深度思考”，是因为批判性思维不是特别依赖天赋，也是后天可以有效提升的，提升后也能有效提高输出决策的质量，所以适用于评估多数产品经理。具有很强同理心的人罕见，但面试的主要目的是把同理心差的人挑出来，这些人从事产品经理职业会使他和企业都越来越痛苦。考察用户模型，即考察候选人对他做过产品的用户模型的掌握程度，并由此判断他对人性常识和大众心理的认知程度。产品技能熟练度用于判断候选人的产品基础扎实程度，但一定程度上也依赖过往产品实践机会的质量，以此可以反推候选人的产品心、学习能力。与更偏天赋的洞察力相比，决策能力可经学习提高。

判断专业能力的简单计量方法是五分制，以 3 分代表百分制中的 40~60 分，4 分代表 60~80 分，5 分代表 80 分以上。简单计量的好处是容易对很多产品经理进行对比，并减少大脑系统 1 的便捷思维导致的认知偏误。

产品经理的潜力是企业的长期价值，面试中主要判断三项：

（1）自省（发现和承认自己的短处：学习、合作、雇用、回避），是毫无疑问的第一潜力；

（2）学习意愿和学习能力；

（3）高成就动机。（短短的面试过程不能保证对潜力、性格、三观等有准确充分的判断，还需要在入职后的工作中持续判断。）

自省就是发现和承认自己哪些方面较弱和哪些事做得不好。如果不能发现自己的短处，或者发现了不愿意承认（人都有自我美化的本能），就不会去改变，这些方面也就永远不能提高。但是一旦你发现和承认自己的短处，甚至总是在主动反省，就有很多方法去改善。比如说，可以自己学习，即便天赋不高，达不到优秀水平，也可以达到及格水平；如果没时间或者不愿意学习，也可以找一个合伙人，找个擅长这方面的人来负责；或者你级别高，也可以雇一个擅长这方面的人来负责这些事。即使产品经理是个专业岗，也是一样的道理，当你的级别已经很高，就不用特别在意你的专业能力是不是领先于团队里的所有人，关键是你手下有多少优秀人才。自己行不行，级别越高越不重要，但是，“发现和承认自己不行”的能力，级别越高就越重要。还有种处理方法是回避：知道自己这方面不行，但不愿学习，也不愿找人合作或雇人，那可以避开这个方向，不做这个产品，或者做这个产品但不跟人比这个方向，而是进行差异化选择，选择自己的优势方向。

自省，毫无疑问是产品经理的第一潜力。人一旦会自省，就有了进化能力，跟起点相近但不会自省的人相比，十年后的差别可能非常大。正确认识自己也是最艰难的事之一。任何产品做到最后，决定其上限的都是决策者的认知进化能力。在工作中，会自省的产品经理成长总是很快。所以，建议产品经理们要习惯于反思自己的认知、思考、行为，从发现的问题中正确认识自己的短处，然后通过学习、合作、雇用、回避等方法去改变。而面试选人，也应该关注优秀候选人的自省意识，如果遇到自省意识特别强或特别差的，就要区别对待。

产品经理不能光想不练，学习意愿和学习能力强的，普遍成长更快。另外，高成就动机也特别影响产品经理的成长性。所以，面试时，如果遇到这在两方面有优势的人，也应对其高看一眼。

招聘大量应届生做产品经理，是中国互联网行业的特有现象，主要原因有二：一是中国互联网已走出了一条与众不同的产品经理之路，产品经理的工作内容广泛，交叉兼容了不少其他职业或新的工作内容，并且企业习惯了配置很多人力把产品经理工作精细化；二是传统上过分面向高考的应试教育对学生的独立思考能力发展有所忽视，以致有丰富业务经验又有权衡决策能力的人稀缺，只能从应届生中大量补充。客观来说，每一届应届生中有良好思维天赋的人的比例是相对稳定的，只要多加几万元年薪，就能吸引这些高潜人才大量选择产品经理职业，一般一两年后他们就成熟起来。但如果想从有丰富工作经验的人中招到一个有同等思维天赋的人，就不只是加薪的问题了，还需要面临平台匹配度、对方的替换成本和时间窗口问题。所以，高薪招聘高潜应届生，是企业获得三五年后的产品经理骨干人才最便宜的方法，没有之一。（当然，还得有一个好的团队领导者，通常来说，好坏产品经理都容易扎堆儿出现，如果领导者不懂产品，往往最后整个产品团队都很平庸。）

应届生只有少量实习经验，面试他们就不一定要围绕做过的产品项目进行深入追问了，可以深入询问他做过的几件事，参与过的活动、学习情况、个人爱好均可，这样也可以考察他有没有超过平均水平的思维洞察能力。

在面试选人的时候，需要关注的一点是“当前好”还是“未来好”。如果你在乎的是“当前好”，在乎工龄、背景和对口经验，你的筛选范围可能就小很多，不见得有几个人能符合要求且能马上入职。但是，如果你考虑的是“未来好”，更在乎潜力，那可选范围就大多了，也更容易招到 A 类人才。虽然开始的培养阶段会苦一点，但先苦后甜，而且在你这里成长起来的人，未来的互相磨合性、平台匹配度、忠诚度都会不一样。

最后，同质化的产品经理招多后也会出现边际效益递减，甚至他们在思想上容易趋同和故步自封，并且，除非公司业务发展特别快，否则两三年后他们的晋升会是一个选择难题，反而对公司不利。所以，产品人才的选拔肯定要有一定的配比，既要考虑当前，也要考虑未来，就像园林建设一样，既要考虑春夏秋冬不同的景观，还要考虑一年、两年、三年之后不同植物的成长。

5.2 产品经理的成长

选择了一个产品经理后，其持续的成长总是更为重要的，如何培养出一个好产品经理，往往是大家遇到的第二个问题。

前文说过，一方面，天赋决定了一个产品经理的成长速度和上限；另一方面，实践机会的质量也决定了一个产品经理的成长速度和上限。

百度网站从 2001 年 9 月上线，3 年零 10 个月后爬上 Alexa 网站流量排名的中国第一、全球第五，后面几年也有更多产品发布。如果当年也有类似 App Store 排行榜的东西，那当时的百度应该也有排在前面的一堆霸榜产品。这就是 2009 年以前百度产品团队领先中国互联网的原因，无非是有一大堆的高成长性产品提供了优质实践机会，那是产品经理成长的最稀缺条件。至于个人潜力，其实那个时代的产品人才的平均潜力是不如移动时代开始后的人才的，但只要过了一个门槛，或者说只要具有 B 类以上天赋，再加上良好用户导向的工作氛围就已足够。

同理，每一个时代，哪里有一堆成长性产品，哪里的产品经理就在快速崛起。

有好的产品导师，确实能提高效率，让人少走弯路，但产品导师能发挥多大作用，仍然要看大环境给予的产品机会和企业产品文化。

5.2.1 产品经理的成长关键标准

评判产品经理成长的关键标准，并非只有一种，可以有不同的视角和不同的分类。

视角一：用户模型和交易模型

产品经理的成长，可以用两个重要标准来判断，分别是用户模型和交易模型。具体到什么是用户，什么是交易，前面已经有很多详细的描述。同时，这里说的产品经理，并不是全部，而是指负责一个 to C 产品的产品经理。

用户模型

掌握用户模型，需要大量的用户案例积累，经过亲自体验、用户反馈、bad case 分析、数据统计分析、大量的预判和迭代验证等环节，直到预判上线后的用户行为有高准确率。掌握用户模型这条路没有捷径。

而很多其他岗位，研发、测试、用户界面、商业产品、咨询分析等人员转职产品经理后不成功，往往就在于缺乏这个基础积累过程，尤其转职前职级越高，转职后管一个团队，就越不可能花时间重走这个基础积累过程，所以大公司里其他岗位转职高阶产品经理的成功率很低。但自己创业则例外，因为自己创业就可能去一线摸爬滚打，完成用户模型积累过程。

交易模型

交易模型是以交易为基本单位来研究产品，目标是建立可持续交易的互惠模型。掌握交易模型的关键是对某领域交易成本的充分理解，以及对多边利益博弈演化过程的充分理解。

最爱用户的产品经理，最应该致力于帮助企业找到模式持续赢利，这样才能吸引企业持续做好产品，也能吸引更多企业逐利而来，在市场竞争中，用户持续获得选择越来越丰富、性价比越来越高的服务。想赚很多钱的企业家或产品经理，也最应该致力于服务最多的用户，为每个用户创造最多的他愿意为之付费的用户价值。这就是交易模型的意义——创造有利可图的用户价值。

视角二：科学方法、人文关怀和实践精神

一个理想状态的产品经理，应该兼具三方面的能力，缺什么就要补什么。一个产品经理的成长情况，也可以根据他这三方面能力的习得情况来判断。

科学方法

这里说的科学方法主要包括逻辑、概率、控制实验、理性决策、经济学的相关方法。

科学方法有成熟体系和资料，是相对容易学习的。比较遗憾的是，大多数人误以为自己有逻辑、懂概率。建议大家分别找关于逻辑和概率的基础教材看看，并在日常生活和工作中熟练应用逻辑和概率，减少认知偏误。控制实验大概是这个时代最重要的产品方法。做决策虽然不简单，但也不神秘，理性决策也是有方法可以学的，也是有理论的。经济学是研究稀缺资源配置的，当它研究真实社会时面对异质性的人和情境则很难算是科学，但当它在理性经济人假设下做研究时则也是科学，也能深入应用高等数学。

人文关怀

人文关怀能力涉及对用户样本量、同理心、心理学、进化论、博弈论等的理解。

产品经理研究的是社会中的人的行为及其背后的原理。因为产品的使用人——用户有异质性和情境性，所以一定要积累足够多的用户样本量（特定情境下的一次使用）才能较少偏差地理解产品和用户。如果同理心强，那理解用户会事半功倍。心理学系统地研究人的心理规律。进化论和博弈论也是产品经理的必修课，因为做产品必然会面对无数的社会博弈和演化，要在这个基础上去理解人类社会和权衡取舍。

实践精神

实践精神的关键词是：事实、数据、观察、实践、权衡、反馈、迭代、自省。

产品经理是实践性职业，所有工作的目标都要能由实践验证，并在反馈中修改迭代。所有不方便实践验证的，不论是因为成本还是其他原因导致的具有低可行性的想法和规划，对于产品经理来说都是低价值的，这是跟咨询、战略、分析、投资、策划、设计等岗位差异最大的地方。产品经理也重视想法和创意，也重视规划性工作，也重视研究不易验证的用户心理动机，但是，产品经理做这些工作都要对结果负责，要以终为始，一开始就考虑落地可行性，所以实践精神对产品经理特别关键。

你是否习惯尊重事实和数据，会观察细节，重视亲身体验？有时候不同用户的需求是互相冲突的，一个用户也会有互相冲突的需求，用户、企业与上下游的产业链之间都会有复杂利益冲突。你是否尊重复杂的现实社会，愿意多维度权衡？你是否有自我怀疑精神、总是期待被现实反馈打脸并能进行自我否定和反复迭代？

视角三：批判性思维

批判性思维是以一种合理的、反思的、心灵开放的方式进行思考，从而能够清晰准确地表达，逻辑严谨地推理，合理地论证，以及培养思辨精神。批判性思维强调求知过程中证据、逻辑的重要性，反对依靠权威和流行观点，要求能够区分理性和情感的观念。

批判性思维最早起源于苏格拉底的思想和讨论方式——“苏

格拉底问答法”。“批判性”（critical）这个词源本身就来自希腊文“kritikos”，意思是辨别力、洞察力、判断力，引申义有敏锐、精明的意思。现代意义上的批判性思维概念的提出，从著名哲学家和教育家杜威的反思性思维（reflective thinking）开始：大胆质疑、谨慎断言。科学哲学家波普尔从科学哲学的角度强调批判性讨论在科学进步中的重要性，他以批判理性主义为基础建立了科学方法论。此后从美国开始的批判性思维运动受到波普尔思想的启发，并且认为人们在日常生活中也需要批判性思维。

如果产品经理要只学一个东西来获取最大成长，那一定是批判性思维。从应试教育中长大的缺少批判性思维的人，如果转变成有较强批判性思维的人，就是最显著的成长。在很多强调素质教育的地区，批判性思维是重要内容，融入日常教育中。

我们不难找到批判性思维的各种学习资料，以下是批判性思维的定义和相关解读。

维基百科：批判性思维的主要内容是对信息的目的、前提、隐喻、结论等做出分析和判断的活动。

46 名国际批判性思维专家：批判性思维是有目的的（purposeful）、通过自我校准（self-regulatory）的思维判断。

彼得·法乔恩将批判性思维分为认知技能和感知倾向。认知技能包括：阐述，分析，评估，推论，解释，自我校准。感知倾向包括：好奇心，追寻真理，心灵开放，对有分歧的观点持开放态度，分析性，系统思考，自信，心智成熟。

美国教育资助委员会评估批判性思维要掌握的技能：

- 判断信息是否恰当
- 区分理性的断言与感性的断言
- 区别事实与观点
- 识别证据的不足
- 洞察他人论证的陷阱和漏洞
- 独立分析数据或信息
- 识别论证的逻辑错误
- 发现信息和其来源之间的联系
- 处理矛盾的、不充分的、模糊的信息
- 基于数据而不是观点建立令人信服的论证
- 选择支持力强的数据
- 避免言过其实的结论
- 识别证据的漏洞并建议收集其他信息
- 知道问题往往没有明确答案或唯一解决办法
- 提出替代方案并在决策时予以考虑
- 采取行动时考虑所有利益相关的主体
- 清楚地表达论证及其语境
- 精准地运用证据进行论证

- 符合逻辑地组织复杂的论证
- 展开论证时避免无关因素
- 有序地呈现增强说服力的证据

哈佛大学前校长博克把大学本科生的思维模式分为三个阶段：

- **第一阶段　无知的确定性**

  表现：盲目相信。

  表现人群：大学新生。

- **第二阶段　有知的混乱性**

  表现：公说公有理，婆说婆有理。

  表现人群：大部分大学生。

- **第三阶段　批判性思维**

  表现：理性分析，精确求证。

  表现人群：只有少数学生能够进入第三阶段。

5.2.2　产品经理前五年的成长

前五年大致可以看作产品经理从新手到熟手的成长期。对刚入行的产品新人而言，有两点是最有价值的。

第一，从大量产品迭代中验证和思考。

刚入行时别想着找大机遇一飞冲天，而是要看哪里有大量迭代，能从无数的实践中学习和积累经验。因为产品经理的学习必然是阅读、思考、实践三位一体的，其中最短板决定你的上限。产品新人要多做事，多思考，要在迭代中验证和反思，没有充分思考过的经历只是经历，不等于经验。如果你不在入行的前三年积累足够多的一线实践经验，之后哪有那么多时间去积累。只有早期实践经验积累够多，充分理解用户多样性和人性规律性，建立过自己的用户模型，未来在产品工作中做阅读和思考时，效率才会足够高。

很多新人被光环效应影响，喜欢加入大公司的著名（成熟）产品，但有些产品的形态已经很稳定，团队也缺少创新热情，新人进来只能做个黄金螺丝钉，这就不算好环境，即便是好苗子，成长也快不了。

第二，加入一个有产品心的小团队。

这个公司怎么样不是最重要的，大老板怎么样也不是最重要的。因为你只有在产品实践中，在跟同伴讨论和解决同一个问题的过程中才能快速学习成长。所以，跟你直接相关的就是你的直接汇报者，以及天天跟你讨论的身边同伴（不仅是产品团队内部，也包括会一起讨论产品的其他岗位的人）。这个小团队如果有不错的产品文化，大家认真做产品，那就是个好环境。但是如果这个小环境不行，就算这个公司是以产品文化著称的，对你来说也不算好环境。

一个产品经理能在岗位上有所成就，必然已在该领域的纵向和横向上都过关。纵向是指对该领域用户、市场的理解深度，横向是指跟企业内合作者有良好的互相了解和互相认可。产品经理是无法跨领域学习的，培训和自学的效果有限，只能学一些基础知识；去找跨领域专家学习和听课的效果也有限，仅会有所启发。比如说做小视频的产品经理跟做外卖的产品经理交流，会有一些价值，也会有一些启发，但是没法深入研究。

所以产品经理必须围绕相同标的物教与学，这是什么意思呢？如果要带一个产品经理，一定要跟他讨论此时此刻的同一个产品问题，大家都对此问题拥有较丰富的信息（各自理解可以不同），都能跟踪这个问题的持续迭代和反馈过程，在这个基础上的讨论和互相学习才高效。教产品经理选人也是这样，双方要就同一个待招聘岗位，同样面试所有候选人，挨个判断和比较同一个人的特点和适配性，并在招进来后的使用和调整中持续验证双方对这个人的判断，自我反省和修正认知。这样的招聘多进行几次，就能把选人经验高效地传承下去，而且还会有新的积累。

新手经过最初的打基础阶段后，如果想继续进阶变成熟练产品经理，最好多接触一些不同的挑战，如果有机会，可以发展这六个方面的能力：从 0 到 1，做深做透，做宽做杂，大用户量，商业闭环，团队建设。

从 0 到 1

一个产品经理，如果一直在做成熟产品，没做过（哪怕是参与过）从 0 到 1 的新产品创业过程，他的产品视野总是残缺的。如果有机会，要去经历一下把一个想法变成一个产品的过程，去经历一下想法的发散和收敛，完全从零开始找用户、找资源的过程，很多产品的问题和经验只有在从 0 到 1 的事情中才能遇到和积累。但是，从 0 到 1 虽然有价值，却也不需要总是追求做从 0 到 1 的新产品，做第一次肯定能学到很多，但做两次、三次、更多次的话，这方面经验的边际收益是快速递减的，经验的主要收益将取决于该产品的成长性。

做深做透

那些进入大公司的产品经理常常只负责成熟产品的某一个细分领域或用户场景，如果能把这个细分场景做深做透，也能对产品的理解再上一层。而中小公司的产品经理就不太有机会做深做透，这样的产品视野也是有缺陷的，所以如果在中小公司做久了，建议找机会去大公司补一下这方面的能力。

做宽做杂

这是中小公司产品经理的优势，其职能不会分得过细，往往身兼多职，功能、交互、场景、数据分析、AB 测试、增长、客服、销售支持、公关支持、项目管理等，什么工作都可能做，这有利于建立产品经理的全局观。一毕业就加入大公司的产品经理，如果在一个方向做久了，可以找机会多做一些其他工作，视野扩大以后，即使回头做原来的工作，也可能更优秀。

我从 2001 年 5 月加入百度后，前两年只有我一个产品经理对接所有产品工作，两年期间我经历了网页搜索、MP3 搜索、图片搜索、新闻搜索、搜索工具条等所有产品从 0 到 1 及各种激烈竞争和高速成长的过程，也不分前台和后台、功能和交互、产品和运营地做了所有的产品工作，收获了扎实的产品实践基础，和无边界的产品经理视野。（除陈林短暂入职过几个月，直到 2003 年 5 月招到边江第一个加入产品部，约半年多的时间又陆续招来了李明、李明远、孙云丰、李健、张玉睿、王建平、田晓萌、侯建斌等，他们都是零产品经验新人，这个小团队在随后三四年经历了百度几乎所有产品的发起与成长过程，包括贴吧、知道、百科、地图、视频、空间等。）

大用户量

好的产品经理必须经历过大用户量产品。因为，如果一个产品的用户量小，就有很多手段能使它增长，多做点运营，多争取一点资源，多做一次热点炒作，增长效果可能都很明显，而多数企业是什么容易就做什么，于是动作就会变形，就不会重视产品发展。但当一个产品的用户量很大的时候，其他手段的有效性就会降低，用户价值影响增长的有效性就会凸显，然后大家也会重视用产品发展。

另外还有一个好处是，用户量越大的产品，灵敏度越高。做一个微小的策略、交互、功能升级，就可能影响100万用户，然后可以从丰富的反馈数据中准确验证想法和理解用户。但同样的微小升级，在一个小用户量产品上做，可能得到的反馈很少，数据噪声也很大，你对该想法的验证和对领域的用户理解就不会有足够自信，个人从中获得的成长也会少很多。

也只有在一个大用户量的产品中，产品经理才能学会理解用户的异质性、情境性，学会理解可以从无限维度区分的用户，才能理解互联网产品的一些重要属性。

商业闭环

人类享受的绝大部分美好事物，是由赚钱的企业创造的，而不是不赚钱的企业。

产品经理的工作天生就是应该是商业闭环，用户价值和商业价值就是一个硬币的一体两面。从企业的角度，即使只考虑多赚钱，也要长期有用户才能多赚钱，涸泽而渔只能赚短期的钱。从用户价值角度，要想创造最多的用户价值，就要保证提供该产品的企业经营可持续，这就一定要让企业能赚到钱，企业不赚钱倒闭了或不做这个产品了，那用户就不能再获得用户价值了。

所以产品经理要兼顾用户价值和商业价值的平衡，设计的产品要能创造有利可图的用户价值。一方面，短期利益导向、欺骗或欺负用户的企业，确实不少，有的赶上一波时代好机遇也能做大，但是一定不可持续，也抓不住下一波时代机遇，这种例子不胜枚举，结果具有普遍性。另一方面，只强调用户至上，不考虑成本和效率、一心一意做极致用户体验的企业，在互联网时代早期和每一个高成长领域发展早期确实是可行的，那时快速渗透空白市场就是收益最大的事，但是，过了这个阶段或不在高成长领域，这种做法就不适用了，就要回归产品的商业本质，兼顾用户价值和商业价值，兼顾短期利益和长期利益。没有思考过赚钱的产品经理，视野也是有缺陷的，他们的市场空间也在缩小，以后的日子会比较难过。

还有一个趋势，也要求产品经理走向商业闭环。互联网早期以信息产品为主，因为信息产品的复制和分发的边际成本接近于零，所以只考虑用户体验的免费产品成为可能。但随着互联网向日常生活和传统产业渗透，越来越多的产品包含线下交易，涉及供给和运输等正常的边际成本，那就要求产品经理必须懂商业，必须考虑投入产出比，必须考虑成本和利润。

所以，如果有机会，建议产品经理从商业闭环的角度去考虑产品的发展。

团队建设

不少产品经理在工作三年后开始带人，有些人到工作五年时已经带一个小团队了。我也见过一些产品经理把“管人”当作一个优势或一种正面收益，找工作时强调自己有管理经验，或者强调要找管理岗。确实，只要职业发展顺利，每个产品经理最后都要管人，毕竟一个人的能力有上限，只有带团队才能有更大产出。对于刚毕业两三年的学生，能管理人或许让他兴奋，但是，普通水平的管理经验，很多人早晚都会有的，在职场上不是什么稀缺品。对于产品经理这个职业而言，“过早做管理”就是个减分项，至少新手在前三年尽量不要做管理，因为这是实践积累的最佳时间窗口。潜力越大的产品经理越是这样，应该多做项目多思考，扎实提高自己的基础积累和专业能力。工作四五年后可慢慢开始带人学管理，也不要一下子管很多人，除非你有管理天赋，或者有得力下属，否则管理十来个人就能占用你的大部分时间。

产品经理的职业特点是，产出不是靠人多，主要靠决策质量。所以，无论日常工作量有多少，无论团队大小，一个领导者和几个骨干就主要决定了团队产出能力。产品经理学管理，关键是学选人，能招到两三个高潜人才，主要问题就解决了。

初学管理的一个常见问题是，总觉得下属干什么都不如自己，于是什么事都想自己干。这个问题，用经济学上的“比较优势”概念很容易解答。下属干的活虽然产出比你差，但他省下了你干这份活的时间，你省下的这份时间可以用来干别的更有价值的活，两份活的总产出能不能大于你亲自干下属那份活的产出？

产品经理需要懂技术吗?

经常有年轻产品经理疑惑这个问题。这个问题涉及机会成本和参照系。懂技术当然是好事，但是产品经理要不要懂设计、懂审美、懂交互、懂运营、懂供应链、懂数据、懂营销、懂公关、懂政治、懂战略、懂项目管理、懂企业管理？这些你能全都懂吗？如果不能，那么应该懂哪些，懂到什么程度，不懂可以学吗？什么最重要呢？

不可能总是有完美的人供你选择，这其实也是一个权衡问题。每增加一个“懂什么”的约束条件，你的候选人就缩小一个范围，缩小范围放弃的优秀产品经理（或者是招到同等优秀产品经理的概率就降低，或时间成本增加），就是你要求增加“懂什么”的机会成本。你判断一下，增加这个约束条件会带来的收益，和增加这个约束条件损失的机会成本，哪个更高，哪个更低，选择收益更大的。关键是人与企业要匹配，面临不同业务、不同阶段、不同团队文化、不同岗位、不同大环境，答案是不一样的。对产品经理而言，最重要的一般是懂用户、会权衡，其他条件可以具体问题具体分析。

5.2.3 产品经理五年后的成长

产品经理的职业现状是：五年产品经理进入量产期，2014 年起大量优秀新人涌入；高阶产品经理岗位有限，无新产品，增量骤减；高阶产品经理的空降迁移成本高，流动性低。

这样的现状对高阶产品经理不利。因为产品经理真正量产是移动互联网爆发以后，2014 年起每年都有大量优秀新人涌入，到 2019 年刚好五年，这些人每年成熟一批。

如果大家都去做一个新产品，只比较专业能力价值的话，一个有八年或十年经验的产品经理与一个有五年经验的产品经理相比没有多大优势，这三五年的时间差异已经不重要了，优势要靠其他要素体现。

现在，移动时代的新产品红利也接近尾声，最近三年快速崛起的知名产品只有少数几个，又恰逢经济环境一般，多数企业也就变得保守，不怎么做新产品了。有新产品（或重大新功能）才有（真正的）新产品经理，新产品骤减，产品经理岗位增量也骤减。

高阶产品经理空降成熟产品的迁移成本很高，没有新产品，流动性就低。所以每年新增一批熟练人才的供给，又没新增多少岗位需求，供需关系改变，使得所有五年以上经验产品经理的就业竞争变大。

在这种情况下，市场上出现了不少文章谈及对该职业的迷茫，产品经理工作五年后如何突破？会不会失业？发展方向在哪里？对于这些问题，大致有以下几种选择方向。

专业路线（权衡决策，交易模型）

首先，专业能力出色，又经验丰富的好产品经理始终是稀缺资源，供不应求。前文说过，能造就好产品经理的两个条件是有潜力的人加上有成长性的产品岗位，所以，如果你的产品专业天赋明显高人一等（自己说了不算，要以其他好产品经理的评价为准），就应该选择专业路线，努力去争取有成长性的产品岗位，这对你和企业双方来说都是价值最大化的。

产品经理的专业能力发展，以前可以围绕“用户模型”，但以后越来越侧重于发展自己的“交易模型”能力，即不再是仅仅追求创造用户价值，而是追求创造有利可图的用户价值。只会做用户体验或只会做商业变现的产品经理都有价值，但是价值上限不会很高。商业要整体考虑一个业务的可持续发展，只考虑变现是不完整的，不叫商业，不能保证可持续。而交易模型是能让企业既不伤用户又能更赚钱的产品设计和商业模式设计，无论行业红利消失还是遇到经济寒冬，它永远是有需求的，每往前一步都有价值。

管理路线（计划，组织，领导，协调；识人用人，分优先级）

如果你的产品专业天赋一般，可以选择的一个发展方向是走管理路线。产品经理这个职业是知识型人才做创造性工作，不能仅仅学习传统管理方法中的计划、组织、领导、协调，产品经理做管理工作的关键是识人用人，要找到优秀人才放到关键岗位上，并不断帮助他成长。

当然，专业天赋高的产品经理最后也是要做管理工作的，那么两者差别何在？差别在于：一是专业天赋越高的人应该越晚做管理，专业天赋一般的人可以更早管理团队；二是专业天赋高的管理者，除了识人用人，还要强化和发挥自己的决策能力。

产品经理做决策，关键是权衡取舍，分优先级。别人每天工作10小时，你每天工作15小时，那你的产出顶多提高50%。但如果你做了一个决策，做B项目而不做A项目，或者资源优先用于C项目，最终产出却可能差50倍，甚至决定产品在市场竞争中的胜败。所以，分优先级，这个是优秀产品经理最能体现个人价值的地方。

而专业天赋一般的产品经理，可以主要做识人用人和帮助优秀人才成长的事，让下属中的优秀人才去做业务决策，这样他们成长最快，管理者自己也更轻松，而且企业收益还更大。

这里插入一个小故事。有一次一批高级管理者聚餐，有个管理者喝多了，跑来让我给他些指点，他说他一直在努力提升自己。我说：你为什么要做“提升自己”这么艰难的事呢？你已经是高级管理者了，最简单有效的方法，当然是全力找优秀人才做下属。只要你找到一个，就能少费心一半，如果能找到三五个，你天天去打高尔夫，工作绩效也只会更好。我不是反对你“提升自己”，但你不先做简单的事，先去做艰难的事，这个优先级排序是不对的。他说，这很颠覆他的价值观，但听起来好像有点道理。

业务路线（知识和经验的累加；to B）

第三种选择是走业务路线。大部分产品经理的专业天赋没有明显高下之分，有五年经验和十年经验的两个人，去做一个新产品时可能竞争力差距不大，但如果在同一个公司的同一个产品上做了五年和做了十年，其个人价值还是有差距的。做了三年和五年也是有差距的，做了一年和三年的差距就特别大了，这就是积累带来的价值，既包括该产品所在领域的经验积累，也包括在该企业内部的经验和人际关系积累，后者能明显降低企业内部交易成本，对企业是有价值的。

走业务路线比较简单，一路稳扎稳打持续积累就可以，产品经理的个人价值会持续提升。但前提是，你得先找到一个能持续发展很多年的业务。否则，如果产品发展停滞，你就很难持续积累成长；如果遇到市场变化，产品竞争力下降，你连工作都可能保不住，想重新找工作，却发现自己没了领域经验和平台匹配度的保护，在人才市场上价格不高。

to C 产品往往竞争激烈，最后的胜出者坐拥千万或上亿用户，自然是产品经理的成功典范，但是，我们不能只看到幸存者的风光，当初跟滴滴竞争做打车业务的团队有三百个，曾经的团购市场也被称为“百团大战”，其他几百个团队现在到哪儿去了？选择做 to C 产品加入生死战场，跟团队一荣俱荣一损俱损，大部分产品经理注定失败，不论你的专业能力优秀与否。有一种保守但稳定的业务方向是 to B，为大企业做内部工具，或业务支持工具。这个需求永远存在，所有企业发展越好，所有业务规模越大，这方面的需求就越强烈。大企业也不会像 to C 产品一样只有一两家幸存，仅互联网就有很多企业和很多业务足够大，所以岗位容量多，选择丰富。做这些工具产品的方法和原理也比较相似，经验价值有一定可迁移性，所以如果离开一个大企业，还能去另一个大企业。所以，做 to B 产品是求稳的产品经理一个不错的选择方向。

做新产品或创业（高风险，高收益；ABCD 轮融资）

第四种选择是去做新产品（不论是大公司内的新产品，还是创业新产品）。这个世界运行的多数情况是风险和收益率对等，风险高则收益率高，风险低则收益率低。著名经济学家阿尔钦在他的企业理论划时代名篇《不确定性、演化和经济理论》中写道："世界的不确定性越大，利润由那些风险型、幸运型的个人获得的可能性就越大，往往成功者不是那些逻辑型的、细心的、务实的个人。"

一般来说，天赋优秀的产品经理不适合选择做新产品。思考能力强大、同理心超常的优秀产品经理机会成本太高，更应该选择低风险、低收益率产品，加入 C 轮或 D 轮融资业务，把业务从价值十亿美元做到价值百亿美元，而不是选择从价值为零做到价值几亿美元。越优秀的产品经理越应该找后期业务，和需要升级的企业双方各取所需。而觉得自己优势平平的产品经理，机会成本低，选择高风险、高收益率产品的性价比更高，可以考虑去 A 轮、B 轮融资的早期业务冒险。

用 A、B、C、D 轮形容不太准确，更准确地说：在一个业务找到高成长方向前，潜在巨大收益更可能来自冒险和试错的幸存者偏差，普通产品经理在这里有比较优势，而优秀产品经理的优势不明显，就不值得选择早期产品去试错。（从一般性角度分析是这样，但如果你这个优秀产品经理对某个方向的成功把握很高，那么去做新产品也变成低风险、高收益率了；或者如果那是你的信念或梦想所在，就不适合用一般的风险收益来判断了。）而在一个业务大致找到方向后的高增长阶段，以及业务后期具有高复杂性的权衡取舍阶段，优秀产品经理才能发挥最大价值，更具比较优势。

越早期的业务，一旦试错成功，它后来的高速成长会带给人超额历练、超额成长。企业也和产品经理一样（阿尔钦写的就是企业），当重大新要素催生的动荡大时代到来早期，主要收益来自企业家的冒险，行业走向成熟的后半段才轮到比企业经营质量。

出 海

互联网应用，是中国历史上少有的发展阶段全球领先的重大产业。相比国内市场的高度成熟、过度竞争、各种明暗游戏规则导致的越来越高的成本，很多海外地区是不错的潜力市场。在中国市场的激烈竞争中磨炼出的经营能力和产品能力也往往有很强竞争力。出海，是未来一段时间内中国产品经理有限的好选择之一。

5.2.4 产品经理的成长环境

产品经理成长的不利环境

多数情况下，产品经理属于无授权领导，要对产品的结果（甚至是长期结果）负责，但主要工作又得依赖其他职能、其他部门完成，产品结果还受市场环境强影响。对产品经理成长不利的环境，包括但不限于：

- 短期利益导向
- 搞个人崇拜
- 技术驱动
- 内部争斗厉害
- 老板或直接上级，任一不会深度思考
- 文化价值观不好
- 论资排辈的等级观念强
- 周边合作者普遍缺乏批判性思维
- 产品迭代周期长
- 产品用户量少
- 产品经理分工过细

- 成熟稳定业务，工作内容稳定
- 产品行政干预严重
- 行业垄断和高利润，无竞争压力
- 设计或营销强依赖的产品
- 供给或渠道强依赖的产品

……

不利环境是不是很多？所以选择这个职业不要过分精心挑选岗位，家家有本难念的经，产品经理要学会适应环境（也适当影响环境），在约束条件下改变自己和寻找最优解。

产品经理成长的有利因素

产品经理的核心竞争力，体现在输出决策的质量上。要提高决策质量，除了个人天赋、经验积累和有效学习，非常需要公司或团队提供的良好产品文化支持。企业文化或部门文化认同以下五点则是产品经理成长的有利环境。

逻 辑

所谓有逻辑，首先是能区分事实，能识别基本的逻辑链和因果关系。

进一步，则要求视野开阔，一是见多识广，二是思维开放，三是思维发散。能从不同的角度去思考问题，增加成功率。

再进一步，是要求有批判精神，既能否定别人，也能否定自己。否定别人就是敢提出否定性意见，这样才更容易把一个想法、一个决策千锤百炼，提高它的准确率。而能自我否定，才能自我迭代。批判精神是我们的教育成长体系中不太重视的东西，所以特别稀缺。

在学校里，一般我们学的是用知识解决问题，老师在设计题目时，已经假设给予的信息充分，并假设了标准答案，让你去解题，这是理工科世界的思维。这样培养出的就是面对有规律、确定、场景可复制的理性世界的解题思维。

但是，产品经理要解决的是现实世界的问题，这往往不是靠知识和确定性就能解决的。在现实世界中，产品经理只能在信息不充分的条件下去做判断、做预测，而且你可能并不知道这个问题是不是该解决的，是不是还有更好的方式。所以，擅长具有确定性的理工科逻辑是必须，但也是不够的，良好的产品文化还要能容纳基于不确定性的逻辑和理性思维。

同理心

同理心的作用在于，不论是面向用户，还是面向公司内部沟通，都能够站在别人角度思考。同理心特别强的人很少见，但是同理心明显不足的人并不适合做产品经理。

不管什么业务，做大了之后都需要考虑多边关系，当你要做一个产品或者改变一个策略时，你要思考产品影响链上所有关联方的利益变化，提前预判谁会反对，谁会赞成，这样就容易推动规则调整和利益分配。产品设计从某种视角看就是一种利益分配。

除了先天的差异，同理心在相当程度上也可以通过后天训练加强。最基本的一点就是亲自实践，去体验自己的产品，通过多角度的亲历，了解用户的需求。你越多使用自己的产品，就越能看懂用户的反馈。就打车来说，如果快车的产品经理天天都打豪华车，就理解不了打快车的人是怎么想的。如果产品经理天天只在北京体验，就理解不了某个小城市或者郊区用户的痛点和想法。

经 验

有些人可能在逻辑、同理心方面的天赋没那么高，但是领域经验丰富的话，在该领域也能提高决策质量。

但是，经验是阅读、经历、思考三位一体的，哪一块板最短，经验的水平就在哪里。工作年限只是经历，只有在这个过程中有自己的思考，从中悟出规律性的东西才叫有经验。这里的阅读，是广义的阅读。看书、看电影、看网文、约人聊天、在网络社区交流、听讲座等都属于这个范畴。当然，阅读完了还得去思考。所谓思考，就是在做几件事的过程中，去发现它们的共性和差异，去发现背后的规律。

除了少数场景外，经验很难简单精确复用。所以，在经验的基础上还要强调实证精神。因为一个真正好的好产品，一定是全新的，前所未有的。

异　见

个人难免有知识盲点，因此公司或团队要建立平等沟通的文化。一般来说，做产品设计，首先是发散的过程，然后是收敛的过程。平等沟通，就是鼓励大家从各个角度提出不同看法，减少个体盲点的负面作用。

值得强调的是，应该鼓励提否定性意见，让人能够在某个观点被叫好的同时，还敢于质疑。估计每个公司的文化里面都包含了平等，但是如果领导提出一个观点，大家只是提出一堆补充性意见，看上去很民主、很平等，却是不够的。否定性意见才是真正的异见，只有足够多的异见，才能让这个决策的质量经过千锤百炼后得到提高。

此外，平等沟通的文化，能够让团队成员广泛参与，这样在后续执行过程中大家更容易达成共识，提高企业效率。

不过，平等沟通的文化也依赖公司的综合实力，其中重要的一条是人才的平均水准要达到一定程度。如果在一个团队里面有一大堆水平差的人，都没有思考能力，哪怕进行民主大会也讨论不出优质决策。

数　据

数据是这个时代最强大的产品引擎，数据能力之于产品经理，正如医疗分析仪器之于医生，即使是名医，也须臾不可离。虽然买齐全套先进仪器并不等于是好医院，但拥有这些仪器提供的能力，却能保证这个医院在很多疾病的诊治效率上远胜于没有这些能力的医院。

但是，如果决策只依赖数据驱动，也有缺陷。首先，不是所有的事都适合做 AB 测试。其次，如果每一件事都要做 AB 测试，很多事就做不了，容易形成依赖或者造成产品经理有目的地去挑选项目。以前听脸书员工说，他们内部会鄙视有的产品经理，这些产品经理只做两种事：一种是能做 AB 测试的，一种是扎克伯格关心的。最后，数据只能反映过去的一些规律，无法预知不确定性的未来。当一个项目找到方向，开始驶入高速公路的时候，以数据驱动是没有问题的。但如果市场不确定，需要找新方向的时候，还是一味强调数据驱动就不是个好主意了。

这就需要产品经理在使用数据时做出判断，哪些事情用数据驱动成本会很高，哪些只能用数据作为部分参考意见。

5.2.5 适合产品经理读的书

本书的产品方法论，起源于把经济学和心理学引入产品经理工作的探索。读者最好对经济学原理和心理学常识有基础认知，那么读起来会相对轻松。经济学和心理学都是博大精深的学科，限于本书篇幅，也限于作者们对于这两个学科也是刚刚推开大门的初学者，本书没有展开介绍经济学原理和心理学常识。因此，在此推荐几本适合产品经理读的书，每一本都很经典。读这些书，不但有助于提高产品经理的职业能力，也能帮助大家认识自己、认识他人、认识世界，让大家在做人生抉择或日常选择时更轻松自信。

以下三本书，都是既可以当作产品经理的入门书，又可以在职业生涯中反复读的书。

- 《社会心理学》（插图第7版，埃略特·阿伦森）：适合成为“产品经理的第一本书”。科学方法、人文关怀、实践精神浸透字里行间，这些恰好是产品经理的三类核心素质。书中还介绍了大量心理学实验和人性常识。
- 《第一本经济学》（罗伯特·墨菲）：经济学帮助人们洞察世事，这一本相对简单，写作目标是让高中生也能读。
- 《学会提问》（尼尔·布朗、斯图尔特·基利）：介绍批判性思维，学习辨别信息和言论的真假对错。

学习理性思维决策的书，以下四本就够用很久了，因为仅仅多阅读是没用的，最终还是阅读、思考、实践中的最短板决定决策水平。

- 《认知心理学及其启示》（约翰·安德森）：阐释人类认知和思维的基本机制。

- 《思考，快与慢》（丹尼尔·卡尼曼）：讲人如何有偏见、有缺陷地思考。
- 《超越智商》（基思·斯坦诺维奇）：教人如何克服缺陷做理性决策。
- 《思维与决策》（第四版，乔纳森·巴伦）：系统介绍思维与决策领域的研究。

经济学博大精深，是影响人类最深的社会学科。但作为无法重复验证的“不科学”的学科，历史上的各种经典观点被推翻迭代是家常便饭，某些重要问题的结论到今天都存在争议也是寻常事。所以，学习经济学，不能像学习自然科学一样仰视着众多定律公式，而要带着批判性思维学，这就需要多看几本不同的经济学教材。进行基础入门后，对产品经理来说，最有学习价值的三个方向是行为经济学、新制度经济学、奥地利经济学派的理论。

- 《经济学原理：微观经济学分册》（曼昆）：这是最通用的大学经济学入门教材。
- 《“错误”的行为》（理查德·泰勒）：行为经济学离产品经理最近，通过这本书可以理解学科起源。
- 《新制度经济学：一个交易费用分析范式》（埃里克·弗鲁博顿、鲁道夫·芮切特）：学习交易费用，思考商业模式。

- 《现代制度经济学》（盛洪）：把历史上很多制度经济学名家的经典文章选编在一起，对于学习新制度经济学比较方便。
- 《薛兆丰经济学讲义》（薛兆丰）：薛兆丰是中国成功的经济学普及者，他是当代中国人，也很接地气，使得这本书更易读，适合中国人学经济学入门知识。除了看，还可以在“得到”App 上听他讲。

下面这几本书，也是很好的。

- 《博弈与社会》（张维迎）：用通俗语言介绍了博弈论的方法、结论和社会应用。
- 《自私的基因》（理查德·道金斯）：用一种全新视角再次解答了人类永恒三问——我是谁？我从哪里来？要往哪里去？
- 《消费者行为学》（利昂·希夫曼）：研究人在消费产品过程中的行为，并应用于营销战略，内容非常适合产品经理。
- 《组织行为学》（斯蒂芬·罗宾斯）：研究人在组织中的行为，内容比较适合产品经理。
- 《沟通的艺术：看入人里，看出人外》（罗纳德·B. 阿德勒）：人际沟通对于产品经理来说既重要又令人困扰。本书兼具深度、广度和完整性，非常适合产品经理学习人际沟通。
- 《进化心理学》（戴维·巴斯）：进化心理学是进化生物学和现

代心理学相融合的新理论，解释人类的很多心理机制（人性）是怎样的以及为什么会这样。

- 《发展心理学：儿童与青少年》（戴维·谢弗）：通过考察从胎儿期到青年期的人是怎样发展的，我们会更加了解自己，更加了解人类行为背后的决定因素。

不看书不等于不能成为好产品经理，但是要理解产品背后的原理，会看书的产品经理自然更容易一些。当然，看不看，看哪本，看多少，其实对每个人来说都不一样，几十个小时的时间要不要投资在某本书上，应该根据每个人的边际收益做决策，而边际收益大小取决于个人已有的（阅读 / 思考 / 实践）、缺少的和想要的。

多位产品经理提到读经济学的书很累，可以试试以下方法：

- 看不懂书就多看书评，看别人阅读后的理解一般会简单一些，谷歌、豆瓣和知乎都很好用。
- 多搜索书里的概念，从百科、知乎等平台看第三方对这些概念的多视角解读。
- 一本书看不懂，就多看几本同类的书，每一本都会让人多懂一点。
- 看网上知识就把精华摘要到记事本上，看纸书就在书上圈出重点，特别有价值的内容和自己的思考感悟就随手记下来。

5.2.6　产品经理找工作

产品经理的职业发展路径

经历了选人和育人之后，无法避免的一个问题是：产品经理的职业发展路径是什么？

如果你有自我认知的可能，最优选择是个人禀赋偏好与市场机会相匹配，使双方总体效用最大化。所以最优选择只有自己能选，这取决于你对自己和对市场的认知。因为别人就算更懂市场，也不会更懂你的禀赋和偏好。而且即使别人恰好给了你一个最优选择，但你的自我认知或市场认知不够的话，也不一定能认可和接受这个最优选择。所以还是取决于你自己的认知。

如果你是新人，你还远未到需要接受针对性建议的时候，最重要的是在前三四年打好基础，找一个产品文化良好的小团队，多做事，多思考。

如果你基础不扎实，产品复杂性不够，过往产品文化差，用户模型未养成，商业意识弱，就寻找有针对性的产品机会去改善。

所以关于这个问题，更多还是对自身成长和与公司之间的匹配性的反思和判断。

产品经理的价值和价格

前文介绍过，产品经理对企业的价值大小 = 经验等级 × 平台匹

配度 × 智慧等级。

但价值不等于价格，价值的定义可以有很多，价格则是交换价值。

决定价格（交换价值）的三要素是有效用、被认知、稀缺性。这个规律是通用的，无论对物品、服务，还是产品经理来说，都一样。一个东西没效用就没人买，有效用才有人买，才会成交和有价格。但仅仅有效用还不够，还要看买方的认知。比如，石油有价值，但在人类认识到石油能提炼汽车燃料和有机化合物之前，石油就不值钱，还会被嫌弃污染环境、难清理。（当然，被认知不仅能增加价值，也能降低价值，比如中国奶粉，当年即使其他条件不变，仅仅被认识到可能含有三聚氰胺，其用户评价的价值就普遍降低了。）最后是稀缺性，在竞争性市场中，价格主要是由供需稀缺性决定的，产品经理如果没有发展出自己的优势或者遇到市场需求爆发，就没有稀缺性，就不值钱。

总之，产品经理如果想把自己"卖"出高价，有三种路径。一是要提高自身能力，使自己对企业更有效用。二是让更多的企业认识到自己的价值有哪些，有多大。产品经理属于只此一份的拍卖品，所以出价最高的企业给出的就是你的市场价格。三是发展自己的稀缺性，优先发展那些企业急需但市场供给不足的能力。

产品岗位的价值

产品经理找工作，需要预判产品岗位的价值，一种简单的判断方法是：

产品岗位价值＝有价值（事）× 成功率（团队）× 成功后回报大小

一般来说，优先选“事”，因事成人对产品经理是必要条件，如果碰到高成长产品，其他条件都可以放宽一点。“有价值”的另一个含义是“这个产品对用户是有益的”，因为人都有自我美化的本能，一般都期望自己是好人，如果你做的产品没意义或欺骗用户，你是不会愉快的。

其次看成功率，影响成功率的关键是团队的人才质量，以及是否有产品心。

最后看成功后的回报大小。

天赋高的产品经理要多换业务

自认为资质不算特别突出的产品经理，去数据驱动型公司是最容易获得成就感的，因为输出质量更有保证。但是，天赋高的产品经理最好多换业务，如果长时间只做一个业务，学到的经验和思考很快就会有“边际效应”。

只有在换领域的时候，你才能发现原来的哪些经验、理论在新领域能用，哪些不能用，思考适用的共性及差异性分别是什么。长此以往，你对每一个领域都会越来越清楚，对共性和差异性会想得越来越透，经验自然就上升成理论了。

跟企业谈薪酬

虽然短期价格常受供需定律和不确定性影响，但长期而言，收入只是个人能力的租金。产品经理应该长期致力于提高自己创造价值的能力，不要去跟少数幸运儿攀比。

人一辈子平均只有七次决定人生走向的机会，能抓住两三次，跃迁两三次就会达到很高的人生高度。努力提升自己，是为了那两三次机会到来时抓得住。建议优先选择好的锻炼机会，大多数普通机会不值得计较一时得失，不要纠结薪酬待遇。

想要高薪酬也可以，但要有合理依据。如果要谈薪酬，一次谈到位更好，不建议在入职后一次一次地争取，这样讨价还价的交易成本很高。但如果遇到的老板是这种人，争取一点才给一点，那这也是很高的交易成本，这种企业的内部效率也高不了，这种情况还是放弃这个工作吧。

产品经理的成就依赖于其他团队。如果只给你一个人特别高薪，其他人都低薪，你在企业拥有的“人均人力资源”就低，你的生产能力就低。总的来说，企业的薪酬和晋升首先要看公平性，然后是企业整体薪酬的市场竞争力。绝对公平不存在，出现例外情况难免，薪酬的公平性主要看持续的赏罚，是否体现为对多数人长期公平，这样才能维持高质量的人才团队。

能力弱的产品经理怎么找好工作

能力弱的产品经理可以按以下方向找工作。

- 大公司，新产品，但不能是独立落地的新产品，必须是核心产品的衍生式寄生产品，这样可以不受人才因素制约，仍有成功概率。
- 一两年内很难验证结果的高大上的 PPT 产品。
- 大公司内主要靠核心产品导流的产品。
- 其他产品经理认为不重要的产品。
- 没有竞争和对比的产品。如果有参照系，就强弱立现了。
- 在新团队快速膨胀的早期加入更好，因为快速膨胀有混乱期，后来者有仰视期。
- 找能力弱的上司（会招能力弱的人，你才有生存率），如果他还有强后台，那就完美了。

应届生找工作时，业务、平台、带你的人，哪个更重要

首先，选工作不可能有公式，一定是具体问题具体分析的，你的禀赋偏好与市场机会相匹配，使双方效用最大化才是最好的选择。

然后，如果一定要选，那么对于很优秀的人才，这几者的重要性排序大约是：带你的人>业务>平台。

因为，公司不重要，业务才重要（在业务差异明显的前提下）。

公司（平台）的附加价值是有上限的，且因人而异，人的受益程度大致跟人的弱小程度成反比。如果你很优秀（因为你可以选择），去腾讯还是去美团做产品差别并不大，具体做什么使你成长更快才是关键。你未来可以主要靠实力找工作而不是靠标签，那些只会按标签识人的上级，通常也不会是你的好选择。

业务和带你的人相比哪个重要，其实要先看可选择的业务之间差距到底有多大，如果业务发展速度的差距过大，还是要选发展快的业务，因为一般发展快的业务，其团队也会快速升级，那么带你的人也不会太差。不过，这种情况并不多见。

此外，业务对你的重要程度，还取决于你对业务的影响程度，新人能影响大平台百分之一吗？无论业务大小、平台大小，新人做的和学的内容能有多少差别？所以，对新人来说，一般还是带你的人更重要，同样，因为优秀产品经理的稀缺性导致带你的人影响力差别有点大，能带好一个优质新人的优秀导师不多。

选择人才质量长期正向上升的企业（或部门）

产品经理的工作依赖其他团队，所以更要优先选择人才质量长期正向上升的企业，避开长期逆向淘汰的企业。

张维迎研究了职务晋升中的正向选择与逆向淘汰。在正向选择规则下，好人比坏人有更大的机会得到晋升；反之，在逆向淘汰原则下，好人得到晋升的机会小于坏人。（这里的“好人”和“坏人”指的是“优秀”或“不优秀”，不是指道德高尚与否。）

决定一个组织人才质量长期方向是正向选择还是逆向淘汰的关键变量有四个：组织垄断程度，各职业可度量性，产权设计，领头人能力人品。

组织垄断程度：关于组织垄断，除了外部环境因素，也需要领导人有大智慧才能妥善应对。如任正非就讲过类似这样的话：如果华为在一个领域的对手的市场份额小于30%了，华为就要让一让，帮助对手活下去。

各职业可度量性：即使在同一个逆向淘汰严重的组织中，有的职业如果可度量性高，依然不会堕落得太厉害，比如一些技术类职业。但产品经理的职业可度量性低，对逆向淘汰严重的组织特别敏感。

产权设计：即使最高领导层的产权没问题，如果企业内部产权激励机制很差，长期发展的结果也必然是逆向淘汰。

以上三个变量都难在短期改变。大体上，主要可控变量只有最后一个：领导人的能力人品。组织领导或部门领导主要决定了长期结果。产品经理如果计划在一个企业长期工作，那么就要谨慎选择领导。但如果只计划找短期工作，这一点就不重要了。

一般来说，产品经理选企业，如果按工作规划的短中长期区分：以一两年的短期规划为目标的选增长（使用量、收入、效率任一要素较快增长即可，本质上是选择最激烈的战场）；以三五年的中期规划为目标的选行业（本质上是选择自己能创造最大用户价值的领域）；

以十年以上长期规划为目标则选老板（长期而言，只要企业活下去，机遇和危机都少不了，不会每次都运气好或运气差，老板的能力、性格、价值观就是主要决定因素）。

产品经理与传统行业

有一段时间流行过一种言论，说产品经理的一种出路是回归传统行业去改造传统行业，认为产品经理挟互联网优势能够在传统行业打败对手。

问题是，什么是改造传统行业？传统媒体被新媒体替代是不是？传统商业和服装、出口等各种细分行业被淘宝改造了吗？打车这个传统行业被滴滴改造了吗？外卖和点评把餐饮业改造了吗？新东方、好未来、作业帮、VIPKID 把传统教育行业改造了吗？支付宝、微信支付和即时通信对包括金融在内的很多传统行业的影响够不够大？携程、美团、飞猪对传统旅游业、酒店业的影响大不大？

从某个视角来说，整个互联网行业的产品经理本来就是在改造传统行业，上述“产品经理去改造传统行业”的说法的认识太狭窄，本质上是认为掌握了一些互联网新工具、新方法的新人就能比原来的产业经营者做得更好。这是不现实的，大多数充分竞争领域的企业，要么利润很薄，要么领先企业的经营者作为竞争幸存者已经是一个优秀的“产品经理”，他们已经长期处于被互联网改造的影响中了，你掌握的那点新工具、新方法很少有机会抵消掉领域知识积累的差距和跟优秀幸存者之间的差距，更别提还要为用户创造足够大的新价值以抵消用户的替换成本。

当然，如果你是一个真正优秀的产品经理，对于每一个传统企业都会有相当价值，甚至帮助企业突破的机会也不会少。但是，关键的问题是，你几乎不可能在这样的传统企业中推动这样的事（新媒体营销算外挂，受内部阻力制约少），而且好产品经理很贵，薪酬合理性对双方来说都是个难题。而你如果想新建一个企业去打败这些抗拒革新的落后企业，那么，高额替换成本和各种对抗会使企业无利可图。所以，通过互联网产业的持续发展去影响传统产业更有可行性，产品经理系统进入传统行业发挥作用还不现实。

目标和代价

进入产品经理这个行列，你有怎样的目标？愿意付出什么代价？希望以下几个故事对你有所启发。

> 有一次面试新人时被问："什么是好的产品？"
>
> 我反问："你说的产品，指产品还是产品经理？"
>
> 对方答："是产品经理。"
>
> 我说："是能为企业赚最多钱的。当然，是从可持续的长期角度来说。产品经理与企业交换劳动和报酬，产品经理的服务对象是企业。"

对方说："我是想做有点情怀的产品经理，做用户体验特别好的产品。"

我其实很想问问他："你愿意为你的情怀付出什么代价？你觉得别人（企业、同事）应该为你的情怀付出什么代价？"

但我最终没问。年轻产品经理有情怀也挺好，慢慢认识世界吧。

有一个企业家，说到用户体验，他每次都表示很重视，也写到了企业文化里。对于提交给他的产品方案，他也会期望看到或欣赏提升用户体验的内容。但是，他说，升级产品不能降低企业收入。是的，不影响收入的体验升级他会很欣赏，但任何产品升级方案如果会降收入就很难通过。

一个东西对一个人的价值有多大，不在于这个人对这个东西有多大的需要、多多的赞美和多高的估值，只在于他愿意为它付出什么代价。如果这个企业家不愿意为用户体验降低任何收入，那说明本质上，用户体验对该企业家是一文不值的。

每个企业挂在墙上的价值观都是一样正确的，但愿意为此放弃的东西才能反映真相，极限条件下的艰难选择才能真正反映决策者的价值观。

我刚到百度做产品经理的前几年，每周主动工作 100 小时以上。不过，单看工作时长其实没有意义，同等时间投入的价值可能差异很大。关键在于，要围绕明确的目标投入时间。我那几年的目标一直很明确。当年初见谷歌便惊为天人，深入研究搜索技巧后，从此只有一个目标“做最好的中文搜索引擎，普及中文搜索，推动社会进步”，其他的一切都是可以被我放弃和支付的代价（名、利、权、休假、健康、社交……）。

三年前回国加入滴滴时，我也想过自己付出这么大代价，要交换什么才值得？于是定了两个小目标：三年内，给滴滴一个优秀的产品团队；把人类对产品经理的理解往前突破一步。

目标不见得总能达成，甚至也不见得总是正确的，这很正常。但有了明确的长远目标，就会少走很多弯路，在平时的大量工作决策和生活决策中，权衡取舍之间就会更省力，也更自信。而如果无目标，或目标短浅，或有很多目标，即使每年工作 5 200 小时，可能也只有苦劳而难有成果。

给产品经理找工作的最后一个建议是，每次找工作前，先问问自己：我究竟想要什么？我愿意为此付出多大代价（直接成本、交易成本、机会成本）？

代价是自己的事，别人没有义务为你的情怀或目标付出代价，除非恰好有共同利益。作为一个产品经理，应该想清楚和不时反思，自己的短期（1 年）、中期（3~5 年）、长期（10 年）目标是什么？目标的方向和大小，在相当程度上决定了你未来的样子。

附录：

俞军产品认知迭代史

俞军入行搜索引擎业的求职信

（2000 年 11 月新浪搜索论坛）

搜索引擎9238，男，26 岁，上海籍，同济大学化学系五年制，览群书，多游历。

1997 年 7 月起在一个国营单位筹备进口生产项目。

1999 年 4 月起在一个代理公司销售进口化工原料兼报关跟单。

2000 年 1 月起在一个垂直网络公司做分析仪器资料采编。

2000 年 7 月去一个网络公司应聘搜索引擎产品经理，却被派去做数据库策划，9 月起任数据中心经理。

长期想踏入搜索引擎业，无奈欲投无门，心下甚急，故有此文。

如有公司想做最好的中文搜索，诚意乞一参与机会。

本人热爱搜索成痴，只要是做搜索，不计较地域（无论天南海北，刀山火海），不计较职位（无论高低贵贱、一线二线，与搜索相关即可），不计较薪水（可维持个人当地衣食住行即是底线），不计较工作强度（反正已习惯了每日 14 小时工作制）。

俞军自学搜索相关知识后所写文章截屏

（2000 年 9 月—2002 年 7 月）

现在网上还能搜到这个网页（原始网页因未备案已关闭，这是爱好者做的备份），感兴趣的读者可以自行寻访古迹，看一看 26 岁时的俞军是怎样从一个外行普通网友开始，日积跬步地走向“如果中国只有一个人懂搜索，那就是俞军”（周鸿祎对李兴平语，于 2005 年第一届中国互联网站长大会期间）的。

搜索研究院

“我们若能更妥善地搜寻资料，实在已经改变世界。”

搜索引擎9238作品

每日搜索评论

- 每日搜索评论17--主题词的4种变化 2002.5
- 每日搜索评论16--检索串的3种成分 2002.5
- 每日搜索评论15--世界上本来没有猴子 2002.3（未公开）
- 每日搜索评论14--非此不可 2002.2
- 每日搜索评论13--教你成为新闻搜索专家 2002.2
- 每日搜索评论12--Google简体中文搜索失灵的权威解释 2002.1
- 每日搜索评论11--faganfinder 2002.1
- 每日搜索评论10--互联网上的图像搜索引擎 2002.1
- 每日搜索评论9--用一句话搜索 2002.1
- 每日搜索评论8--2001年搜索引擎大事记 2002.1
- 每日搜索评论7--关于搜索引擎的统计调查数据 2002.1
- 每日搜索评论6--你错了、你错了 2002.1
- 每日搜索评论5--搜索下载免费操作系统 2002.1
- 每日搜索评论4--搜索的境界 2002.1
- 每日搜索评论3--沉痛悼念著名搜索引擎northernlight 2002.1
- 每日搜索评论2--什么是用搜索引擎搜不到的[增补版] 2002.1
- 每日搜索评论1--摆平中文搜索引擎的分词错误 2002.1

搜索技巧

- 我的7条搜索准则 2002.7
- 一个搜索高守和一个MM在OICQ 2002.2
- 学习搜索的最好网站－－不是最好不推荐 2002.1
- 搜索引擎使用技巧（搜索专家谈技巧） 2001.11
- 抛砖引玉先——搜索引擎9238给自己的搜索素质打分 2001.9
- 论搜索高手的流派 2001.9
- 搜索者容易犯的七个低级错误 2001.4
- 搜索技巧：怎样问专家 2001.4
- 基本搜索技巧十条 2001.4
- 当——搜索引擎令你失望时 2001.4
- 搜索高手的秘密 2001.4

搜索引擎

- 关于搜索引擎用户界面设计—— 人们怎样搜索 2002.7
- 怎样紧盯搜索引擎的一举一动 2002.5
- 日本搜索引擎市场 2002.3
- 用户搜索常见问题及搜索引擎解决方法小结 2001.12
- 国外优秀搜索引擎介绍（英文搜索四当家） 2001.11
- 图象搜索引擎diggit! 2001.6
- 2000年元搜索引擎9238推荐奖--ProFusion 2000.12
- Google的黄金拍档，信息分类专家Guidebeam 2000.12
- 给大家介绍一个给资深网虫用的搜索引擎raging.com 2000.11
- 论搜索引擎的评测方法 2000.11

论坛回贴

- 搜索大战临近尾声 Google能否与雅虎再续前缘？ 2002.5
- 今天我对搜索引擎发展的一点看法 2002.5
- 这个白痴市场调研公司 2002.2
- 16处错误，已给您指出在文中【】处 2002.2
- 你问的都是最基本却最有效的技巧 2002.2
- 一点建议 2002.2
- 用搜索引擎寻找中文的英文翻译方法4种 2001.9
- 挑战什么，风车？搜索引擎登录连人带软件净是骗子！ 2001.9
- Google要收费啦？胡扯些什么，那是ZDnet哗众取宠 2001.8
- 简单 2001.8
- fast呀，傻大快 2001.8
- 不吝赐教（kursk潜艇搜索） 2001.8
- 2001年各地高考查分指南（增补版，26个省级行政区） 2001.7
- 回gonebywind:搜索引擎技术未来动向 2001.6
- “搜索引擎面面观”及17点修改建议 2000.12

搜索界动态

- 搜索界动态2002/06/02 2002.6
- 搜索界动态2002/05/02 2002.5
- 搜索界动态2002/03/30 2002.3
- 搜索界动态2001/12/18 2001.12
- 搜索界动态2001/09/09 2001.9
- 搜索界动态2001/08/18 2001.8
- 搜索界动态2001/08/04 2001.8
- 搜索界动态2001/07/20 2001.7
- 搜索界动态第六期2000/12/25 2000.12
- 搜索界动态第五期2000/12/11 2000.12
- 搜索界动态第四期2000/11/27 2000.11
- 搜索界动态第三期2000/11/14 2000.11
- 搜索界动态第二期2000/11/04 2000.11
- 搜索界动态第一期2000/10/27 2000.10

抛砖引玉系列

- 抛砖引玉之七：teoma、spam和搜索引擎（节选） 2001.7
- 抛砖引玉之六：搜索基础site:篇 2001.3
- 抛砖引玉之五：怎样找众多网站中最权威或最好的那个网站 2000.10
- 你的搜索方法不是个好主意，我会这样搜索这个东东： 2000.10
- 抛砖引玉之四：书籍mp3写真软件电影的最方便搜索方法 2000.10
- 抛砖引玉之三：怎样以最快速度找到需要搜索的内容？ 2000.10
- 抛砖引玉之二：我怎样搜索兼答wyle关于搜索软件 2000.9
- 抛砖引玉之一：浅论搜狐新浪网易做搜索引擎兼答wyle 2000.9

“我们若能更妥善地搜寻资料，实在已经改变世界。”

返回首页

俞军产品经理十二条

（2005 年前后成型，含百度早期

产品经理部分贡献，2009 年由云丰整理）

1. 产品经理首先是用户。

2. 站在用户角度看待问题。

3. 用户体验是一个完整的过程。

4. 追求效果，不做没用的东西。

5. 发现需求，而不是创造需求。

6. 决定不做什么往往比决定做什么更重要。

7. 用户是很难被教育的，要迎合用户，而不是改变用户。

8. 关注最大多数用户，在关键点上超越竞争对手，快速上线，在实践中不断改进。

9. 给用户稳定的体验预期。

10. 如果不确定该怎么做，就先看别人是怎么做的。

11. 把用户当作傻瓜，不要让用户思考和选择，替用户预先想好。

12. 不要给用户不想要的东西，任何没用的东西对用户而言都是一种伤害。

百度离职讲座：谈人才的选用育留[①]

（2009年6月）

讲座PPT提纲

1. 选人

- 所有人在相同起跑线上
- 以文取人：用户感觉，方法论，网络熟悉度
- 喜欢和投入
- 往前看几年
- 价值观认同
- 宁缺毋滥

2. 用人和育人

- 充分授权，目标管理
- 平等，试错，总结

① 根据现场实际发言整理，有改动。——编者注

- 助理比经理更懂，经理比总监更懂
- 向下分享，尽量避免单线汇报
- 坦诚务实，实事求是
- 持续的自我否定，最终结论是靠发现更多不足来找到，而不是推销观点
- 以用户需求为导向：有需求，有优势，有利益
- 发现者，不是创造者
- 严谨追求客观公正

3. 留人

- 公司愿景，工作空间，个人待遇
- 成就感，产品的意义
- 学习与成长
- 愉快的环境
- 赏罚分明

以文取人——所有选手站在同一条起跑线

如何选人？选什么样的人？很多经理都会面临这样的问题。选对一个人，会大大提升团队的“战斗力”；而选错一个人，可能会给团队带来很严重的“伤害”。在搜索引擎领域，我们在选人时，不会特别看重这个人的相关经验，所有人都是在一条起跑线上。个人今后的发展也和是

否有相关工作经验无关，而是这个人是否投入这个领域，是否在认真学习这个领域，是否具有潜力。用有经验的人可能一时轻松，但如果他不能再跟着产品成长，将来你会很累；用有潜力的人，现在你可能要多付出一点来带他，可是将来他会加速成长，比你对产品的理解更深。

产品部门在选人这一点上，可以用四个字概括——以文取人。我们不看重简历上的背景、性别、血型，而是根据他写的产品分析看这个人对产品和用户的感觉，这些感觉是从文字上反映出来的。而判断力是源于自己对产品和用户的感觉积累，当你读过 1 000 篇或者更多的产品分析后，就会一下子给这篇分析打一个准确的分数。另外，从产品分析里的方法运用上可以看出这个人发现问题和分析问题的逻辑能力。

“以文取人”之后，还要看这个人是否喜欢并能够投入这份工作。喜欢的投入和没有感觉的投入呈现出的效果完全是两码事。比如，有些人开车就是开车，把车作为一个把自己送到目的地的工具，所以开了一辈子车还是一样。但是赛车手会琢磨怎样把车开得更好更快，所以也许赛车手开一个月的车就已经比开一辈子车的人开得好得多了。我们需要选的人，就是喜欢并愿意投入的人，在又酷又炫的搜索引擎领域，这样的人可能并不难找。

特别要强调的是，我们要选择和公司、团队的价值观一致的人，这样会大大提升工作效率。更应该遵循“宁缺毋滥”的原则，宁可人少一点，每个人累一点或少做一些事，也不要盲目扩充人员，种下不良的种子。

给他成功与犯错的机会——用人的关键在于授权

选对人之后就要考虑如何用好他，培养他，不能浪费人才资源。首要原则就是要充分授权，进行目标管理。充分授权能够提高人的主观能动性，而目标一定是协调后达成一致的目标。对于产品部门而言，和不同的产品团队合作，就会做出不同的东西，因此依赖于脑力劳动的工作，能动性是非常重要的。

另外就是要营造平等的工作氛围，有试错的心态，并能够不断总结。平等的氛围有助于发挥个人能动性。当自己和团队的成员出现意见不一致的时候，要尽量在把控关键点的前提下将“试错”的机会留给团队成员。因为如果这个成员的想法此次被证明是错的，那他就会从“错”中学到最多的经验，从而尽快成长。如果领导的意见被证明是错的，那团队成员将没有机会获得“错事经验值”。最后总结尤为重要，要有开放的心态，多总结不好的方面，下次才可以进行改善。之后再与团队成员互相分享，团队整体成长就会很快。

助理比经理更懂，经理比总监更懂，越专注细致地了解一件事情的人最有发言权。最差的方式就是向上分享，单线汇报。真正要做的是和自己的团队商量，基于事实本身推出结论。需要培养持续自我否定的精神，最终的结论是靠发现更多的不足来找到，而不是推销观点，永远站在事实的一边，这样结论才会越来越正确。

用人是一门学问，需要从大处着眼，从小处着手，就像下一盘棋。

人才培养，是一个厚积薄发的过程，需要高瞻远瞩，也正如一盘棋局。培养人才，用好人才，才能赢得这盘棋，做好这个项目。

愿景清晰，赏罚分明——薪酬之外的留人之道

用心培养的人才，应该怎样留住？吸引人才最重要的是三个条件：一是公司的愿景，是否足够吸引人才留下；二是工作空间，是否能够提供发展和上升的空间；三是个人待遇。对于每一个在百度工作的人来说，我们其实正在合力做一件非常有意义的事情，做中国最好的搜索引擎，降低人们获得知识的成本，填补人们的信息鸿沟，每一个百度人都有理由感到骄傲和自豪！

我自己的例子就证明了这一点。其实我并不喜欢在北京生活，八年来无时无刻不想着回上海老家，正是为了实现做出中国最好的搜索引擎这个愿景，我才留了下来。

百度之所以成功，是因为在正确的时间做了正确的事情。那个时候，如果没有百度，也一定会有另一个中文搜索引擎兴起，而百度在这个最佳的时机选择了这个领域，且做得最好，所以这种成功可以说是天时地利的必然。

那么是否只要不犯错，百度就不会被其他搜索引擎超过了？如果是与百度同质的产品，在这个领域想要超越百度已经几乎不可能了，但是并不排除在新的满足人们信息需求的领域上，出现能颠覆搜索引擎的产

品或公司。

产业生命周期的更迭总是从具有颠覆性的新技术开始的，聚光灯曾经照耀过一个个新兴的产业，使它们成为增长最快的经济引擎，如今这个焦点正是搜索引擎。但如果有一天，搜索引擎不能带给用户更多的价值——无论怎么努力去改进，其对用户体验的提高已经微乎其微，其光芒与风头被另一种产业替代，也将是一种必然。

那么我们怎么保持我们的领先地位呢？以用户需求为导向，只做用户有需求，我们有优势和有利益的产品。对于用户需求，请记住，我们永远是发现者，而不是创造者。

从百度离职时的感谢信

（2009 年 6 月）

同事们：

大家好！

这是我在百度和在北京的最后一天，借此告别邮件表达我的感谢。

我最想感谢的是搜索引擎。如此幸运地生活在一个有搜索引擎的时代，搜索引擎带给我的知识和对我成长的影响，超过了从小到大所有老师、所有书籍、所有传媒和父母教育的总和。搜索引擎的成熟和普及，正如造纸术和印刷术的广泛应用一样，又一次极大地降低了人类获取知识的成本，并将对社会的平等和进步产生深远的影响。

然后，我要感谢百度的很多同事。我一直记着三个特别的时间：

2001 年 9 月，百度搜索的首页上线；

2003 年 4 月左右，百度成为当时最好的中文搜索引擎；

2005 年 7 月底，百度成为当时访问量最大的中文网站。

八年前，我带着“做最好的中文搜索引擎”“普及中文搜索，推动社会进步”的内心使命感来到这里时，还只是一个空有热情的业余网友。感谢上上下下无数百度同事多年来的专业、宽容和帮助，给了我一个最能发挥我长处、最能忽略我短处的工作空间，让我在今天为搜索引擎深入中国人的生活而高兴时，还能自豪一下其中也曾有自己的一份汗水。

除了感谢你们对我在搜索引擎方面的帮助，我还要特别感谢早期的很多百度同事，他们所表现出的聪明、严谨、敬业、坦诚、正直等，让我学到了很多，改变了很多，也让我知道，原来可以有这么快乐的工作环境。这些人、这些美好的岁月都是我想感谢的。

最后，感谢我的家人。搜索引擎曾经占用了我太多本该属于家庭的时间，感谢家人在背后的付出。

谢谢!

2009年6月29日

什么是用户体验，如何评价用户体验的好坏

（2014 年 10 月）

我理解的用户体验是，让用户付出最小成本满足需求。

用户体验无法用一个通用方法整体衡量，只能在理解产品全貌的前提下评测分解属性。我仅结合搜索领域的经验提供些参考。

用户体验是一个完整的过程

2004 年谷歌上市前夕，“互联网女王”玛丽·米克尔访问中国路过百度，她说摩根士丹利的同事们刚做过搜索引擎对比评测，结果是雅虎最好。但奇怪的是，评测完之后，大家平时还是都用谷歌。后来，百度联合创始人徐勇帮我要来了他们评测的样本，我一看就明白了，原来是这样：

他们选了十几个关键词，分别在谷歌、雅虎等六七个搜索引擎中搜索，打印出所有搜索结果页放在一起对比，每人拿一把硬币，认为哪个搜索结果页更好就投一个硬币。最后雅虎获胜。

为什么雅虎会胜出？因为当时雅虎使用的后台搜索引擎也是谷歌，

但对一些热门关键词做了人工优化，这样，雅虎的搜索结果不是跟谷歌一样就是优于谷歌。

为什么那些金融精英评测完后，在日常生活和工作中又都用谷歌呢？因为这个貌似公正的用户体验评测是有问题的，用户体验不仅是搜索结果页的简单对比。

桌上的打印页面都是所看即所得，但在电脑上，想要看到那些搜索结果页，需要用户付出一个操作过程：从输入域名开始，下载完大小相差十几倍的雅虎或谷歌首页，移动鼠标定位到雅虎的搜索框中（谷歌是自动定位到搜索框中），输入关键词，按回车键或点击搜索按钮，下载完相差几倍大小的雅虎或谷歌搜索结果页。完成上述操作过程，用户需要付出的时间成本和操作成本是不同的，况且那时的平均带宽速度还很低。

桌上的打印页面一眼可看到全貌，而真实用户需要在一个电脑屏幕中浏览搜索结果页。用户如果在较低分辨率下浏览雅虎搜索结果页，可能在越过大幅横幅广告和宽松设计后只看到一两条结果，而浏览谷歌搜索结果页，就能多看几条结果。当搜索结果第一条没有满足用户需求时（这种情况很常见），第一屏有多少条结果可看就是一个明显的用户体验差异了。我记得那时相同结果数的搜索结果页，雅虎的页面比谷歌长得多，这又是增加用户成本的。

当第一页的搜索结果没有满足用户需求时（这种情况也很常见），用户可能翻下一页/点击相关搜索词/换一个关键词搜索/换一个搜索引擎/。另一种常见情况是，用户需要使用各类垂直搜索。那么，翻页设计、搜索框大小（谷歌那时大一点）、结果页底部是否放搜索框、垂直搜索的种类和体验等附加选项，都难以在桌上的打印结果页上体现出来，却会影响用户体验。

所以，雅虎当时的搜索结果相关性虽然总是优于或等于谷歌，但用户体验其实是不如谷歌的。用户体验不是一个静态页面，而是一个过程，要结合用户的真实使用过程来评测。

用户体验因人而异

表附 –1　2006 年搜索引擎半年用户数变化

搜索引擎	用户获得率	用户流失率	用户基数变化
百度	16.2%	6.0%	10.3%
谷歌	16.2%	22.7%	–6.5%
雅虎	38.8%	37.3%	1.5%
搜狐	24.6%	49.1%	–24.6%
新浪	25.0%	25.0%	0.0%

上表是 2006 年 CNNIC（中国互联网络信息中心）做的搜索引擎市场调查中，关于“半年用户数动态变化”的结果。不必纠结数据的准确性，关键是理解“用户获得率”和“用户流失率”的正反一体，以及背后原因的因人而异。

通常被认为领先的搜索引擎谷歌和百度，其用户获得率反而是最低的（固然有基数大小的影响）。因为，那时候正是百度上市后中国搜索引擎市场最热闹的时候，雅虎、搜狐、新浪都在力推它们的搜索引擎，吸引了足够多的用户。

但是，用户获得率必须减去用户流失率才有意义。上述数据中，雅虎、搜狐、新浪、谷歌的用户流失率都太高，结果是用户基数没增长。

愿意花钱做市场推广时，吸引新用户是最容易的事，你告诉他们你有哪些方面好，他们就来了。但来了不代表永远就是你的人，他们早晚会知道和试用别的搜索引擎，部分用户会发现你哪儿不好进而离开，部分用户会发现别的搜索引擎哪儿好进而投奔过去。当然，部分用户也会发现别的引擎哪儿不好又回来。

用户获得率数字的背后，获得每一个用户的原因各不相同。用户流失率数字的背后，流失每一个用户的原因也各不相同。所有用户的被获得和流失方向是不一致的，是在五个搜索引擎中交叉进行的，这就是“用户体验因人而异”。其实，每个用户的生活和知识背景不同，他们心中对搜索引擎的定义都是不同的，搜索需求是不同的，对用户体验的感受也是不同的。

比如，有用户因为谷歌搜英文资料好用而离不开谷歌，但也有用户因为使用英文关键词在谷歌会搜出大堆英文页而弃用谷歌，改用针对这点进行优化的百度。

比如，有用户因为反感百度的竞价排名而改用谷歌，但也有用户因为 hao123 上网导航好用而默认长用百度。

比如，有用户因为谷歌的高级搜索语法强大而爱用谷歌，但也有用户因为经常下载 MP3 音频文件而爱死百度。

比如，有用户因为谷歌像奢侈品一样高大上的品牌形象而选用谷歌，但也有用户因为百度图片搜索支持本地翻阅原图，不用逐一点开那时泛滥的骚扰和带毒网站而选用百度。

比如，熟练用户会发现谷歌上带空格组合词搜索效果好而选用谷歌，但更多用户常使用长关键词和疑问句搜索，百度贴吧和百度知道经常能对此提供帮助。

比如，有用户因为谷歌能搜到外国的英文和中文新闻而喜爱谷歌，但也有用户因为百度能搜到当天突发事件的新闻而选用百度。（谷歌先上线每日更新，但早期谷歌是每天半夜来抓取新浪新闻等网站，所以白天搜不到当天突发事件，而我让百度每天早晚等新闻编辑密集发布新闻后抓取更新。）

总之，用户体验因人而异，公司能力也各有差异，即使某些方面的用户体验不如对手，依然可以扬长避短，在更多角度针对不同用户群改变用户体验。

用户体验因时而变

图附 –1 是中国网页增长趋势，图附 –2 是中国网民增长趋势。两张图的时间不对应，但我们只看趋势变化。

与国外相似，中国互联网发展早期（2000 年以前）的网民数量和背景有限，网页数量和类型也有限，那时的主流搜索需求只能是找网站。所以雅虎和搜狐那样的大网站的用户体验已经不错了，获得了多数市场份额。

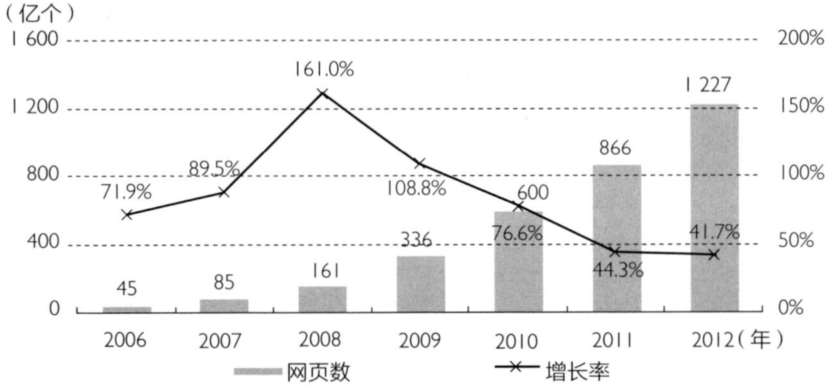

图附 –1　中国网页数及其增长率

资料来源：CNNIC 中国互联网络发展状况统计调查（2012 年 12 月）

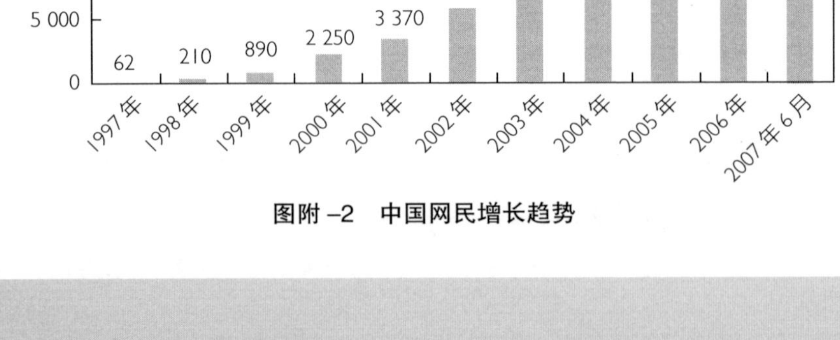

图附 –2　中国网民增长趋势

不过短短的三四年后（2003年），网民数增长了近十倍（从900万增至8 000万），网页数更是增长了百倍（从几百万增至几亿）。十倍新增用户的背景广泛和需求广泛，百倍的新增网页内容也为满足广泛需求提供了可能性。搜索引擎不过是个中间商，当上游内容和下游用户都已大变样，当主流需求已从找网站变成网页搜索，搜索引擎的用户体验标准就已经改变。这就是用户体验因时而变。

因为网民数和网页数的增长是每天渐变的，雅虎们就像温水煮青蛙一样没有及时发现危机。无论是国外的雅虎还是国内的雅虎、搜狐、新浪，它们默认的搜索结果都长期是网站搜索，很晚才改成网页搜索。在没改过来之前，它们的用户体验其实每一天都在下降，这也是用户体验因时而变。

后来，网民数又增长了近8倍（增至6亿），网页数又增长了几百倍（增至1 500亿），在这个渐变过程中，用户对搜索引擎的使用频率也在快速增长。早期的雅虎、搜狐、新浪的自我定位是什么都有的综合门户，搜索引擎只是它们拥有的一个垂直频道。但是，我们知道用户每次去综合门户中搜索是要付出更高使用成本的。当用户的搜索引擎使用频率越来越高，去综合门户搜索的成本就越来越大，独立搜索引擎的相对用户体验就越来越好。这也是用户体验因时而变。

早期的互联网可以理解为由几万台服务器互联组成，用户主要是单向获得网络内容；网络基础设施也不发达，用户需要“上”网。但随着网民数的增长，宽带的普及，社区类产品的爆发，用户在线时间变长，用户反哺给互联网的内容越来越多，互联网的定义也在变化，那些联网的个人电脑和电脑背后的用户与服务器们一起组成了互联网。贴吧、知道等产品就是顺应互联网定义的变化而产生的，引导用户创造大量口语化的讨论和问答，满足用户关于冷僻内容、突发内容、问句搜索的需求。反过来，当用户这方面的搜索体验改善后，又会养成更多这样的搜索习惯。这是产品和用户互相适应又互相改变的过程，这也是用户体验因时而变。

进入移动时代，互联网的定义又已改变，人、物、服务和信息一起互联，搜索引擎的用户体验标准又将因时而变。

俞军的一堂产品课

（张亮　2017年1月5日）

昨晚，极少在业界抛头露面的俞军在知乎做了一场小型演讲，谈产品经理方法论。

在中国互联网界，俞军是个传说：他是2001年至2003年百度唯一的产品经理，主导了百度作为一款产品的无数进化；随后他又设计了百度贴吧、百度知道等产品。他做这一切时，中国几乎还没有产品经理这个概念，更没有可供参考的方法论。他所做的，是一年工作几千小时，在反复迭代中分析用户行为，以成千上万的微小产品决策改进产品。因成果卓著（百度于2005年之后成为中国最大的网站），有创新（贴吧在很长时间里被视为中国互联网行业为数不多的创新亮点），有方法论（著名的“俞军产品经理十二条”），以及一点传奇性（2000年那封求职信），他成为与马化腾、周鸿祎齐名的中国第一批顶级产品经理。值得聊备一笔的是：在职时，俞军并不参与百度的商业产品，2008年百度第一次被曝出竞价排名中存在大量虚假医药广告时，俞军也相当错愕，这也成为他不久后选择离开的重要原因之一。

2009年，俞军了事拂袖去，大隐于市约七年，直到最近终于复出。除了主导滴滴的产品业务，他还希望将自己的产品经理方法论进一步体系化。

他的新理论体系只有三条——如果与之前的十二条进行比较，你会发现它们其实完全不是一个层面的。昨晚这场演讲是他关于这三条思考的第六次演讲。演讲也是为了迭代思考，他认为，做足十次后，可以形成文字性总结，公之于众。

这篇笔记并非演讲全文整理，而是我作为听众记下的雪泥鸿爪。不久前，“三节课”发表过三篇文章，已经将其思路进行过一次整理，但听众不同，所在意的重点不同，迷惑之处也不同，观后感是不嫌多的。

在我看来，俞军关于产品经理方法论的三条总结，其实是一句话：

产品经理的工作是找到真的用户价值，这需要长期积累海量用户样本，以及一个正确的思考框架。

在目前阶段，俞军将它们分为三个层次：用户价值；用户样本量；怀疑精神。

关于用户价值，俞军谈了两大点：

> 用户价值 = 新体验 – 旧体验 – 替换成本
>
> 需求有三个属性：用户价值，愿付价格，企业成本。

先简单地把这两点连接一下：用户价值取决于对于用户需求的挖掘，它可以用“新体验 – 旧体验 – 替换成本”这个公式来度量，但如果用户对这个价值的愿付价格小于企业提供这个服务的成本，它就无法维持。

俞军说："通常愿付价格是远远小于企业成本的。"好服务未必是好生意，于是选择余地更少。所以好的产品经理要去持续寻找那些既有用户价值，又有商业价值（愿付价格大于企业成本）的产品。当然，愿付价格和企业成本这两个数的差值从短期和长期来看可能是不同的。或说互联网在过去二十年早已证明，短期商业价值小的产品可能长期价值极大。

在我看来，俞军虽然谈用户价值，但他的思考轴心还是需求。这在他讲的第二层次会再次体现。

就像他当年说的"发现需求，而不是创造需求"，价值不是凭空创造的，而只是需求的有效满足。需求是价值的根源，能定义需求，才能定义用户价值。（他还引用了熊彼得的观点：创新是可衡量的。衡量创新的方式就是它创造的价值，甚至创新可以被解读为创造新价值。）

窃以为，也许可以把价值明确为这样一句话：

产品经理需要去寻找并挖掘那些价值最大的需求，需求的价值包括用户价值和商业价值两个层面，用户价值可以用"新体验 – 旧体验 – 替换成本"这个公式来度量，商业价值可以用"愿付价格 – 企业成本"来度量，一个好需求，同时使两个公式的结果都为正数，且越大越好。

写到这里，可能会有人生疑：这些不都是大白话吗？价值何在？

首先，它是个可以用于判断的标准。如果说商业价值在产品立项初期没那么好计算，至少用户价值在立项初期可以反复推敲：你的产品就是新体验，你瞄准的旧体验是什么？如果给旧体验打个分，再给新体验打个分，大概各是多少？切换成本，比如价格、时间、心理成本、生理成本，分别大概是怎样的，这些都是可以估算的。

任何产品经理、创业者、投资者，即使没办法立即量化这三个数值，至少可以粗估。看看眼前的例子，如苹果手机之于诺基亚，微信之于短信，滴滴之于路边招手打车，效果不言自明。甚至可以深入细节，比如昨晚我们吃饭时，聊到知乎要不要做某件事，俞军反问：知乎做这件事的整体体验能大于 × × 吗？

其次，它有助于引导思考。

先引用俞军的一个例子，假设搜索引擎 B 早期某个月内获得 100 万新用户，这些新用户的行为和数据接近，他们一样吗？具体来说，这里有 50 万是头一次使用搜索引擎的用户，另 50 万是从搜索引擎 G 迁徙而来，你还觉得他们一样吗？显然，如果说前一半用户的旧体验是图书馆，那这个旧体验以数值来表示几乎为 0，而后一半用户的旧体验可能是 80，两者有天壤之别。

那么重点就是，能不能找到旧体验接近于零的用户群？什么时候用户的旧体验接近于零？其实就是世界发生某种巨变时，或用行业常用词来说就是“人口红利”出现时。俞军自己倾向于用“有新的生产要素出现”，那些堪称改变世界的生产要素，比如电、流水线、汽车、互联网、移动互联网…… 过去几年我们见证了移动互联网巨大的人口红利，这是超大的浪潮。有时候新生产要素的影响可能没那么显著，比如最近两年内容付费的兴起和直播业的兴起，俞军认为这首先是因为移动支付的成熟。

想做大产品，必须善用新生产要素。你的产品有没有借力于新生产要素下的用户体验跃迁？这是很明确的一个问题。

我不由得发问：假如外界并没有巨大的人口红利，当下又没有什么新的生产要素可以借力，决策者该怎么办？俞军的回答是："不存在没有人口红利的时期，需求是无止境的。"

所以思考产品时，你至少获得了两个支点：或者借助某种新生产要素，放大新旧体验差；或者重新分析、总结用户需求，寻找那些有真实需求但旧体验值过低的用户。关于如何思考需求，容后详述。

最后，它有助于行动。毕竟一家公司不是每天每个人都在找新方向的，多数人在做什么？围绕切换成本做文章。将用户从别的产品拉到你这里，需要你的切换成本足够低，阻止用户从你的产品去到别的产品，需要你的切换成本足够高，这两件事其实是一件事。俞军说："时间、心理成本、生理成本这些东西，你把它想成交易类产品的价格就好了。将一个 App 缩小包体、提升下载速度、做得简单易用，大家做的这些事情都是在降价。"

上述种种，知易行难。这一套逻辑一小时可以尽述，但究竟该怎么判断价值，形成好的方法就需要数年的功力，这就涉及下一个问题：用户样本量。

关注用户，不是一个新话题。虽然大多数人做不到，但它是所有产品人的"政治正确"。

俞军的重点在于他的方法，或说原则：用户每一次行为的单位用户价值是不同的，要尽可能积累不同用户单次使用体验的样本，然后在脑子里形成用户分布模型，即需求分布模型，直到每次做产品决策时，心里有个判断，这么想的用户有多少。

简而言之，寻找用户价值，找的是用户需求样本的集合。只是多数人心中没有用户需求样本，贸然讨论用户价值，就容易失之主观与武断。

那么，该怎么积累用户样本量？

非常简单。除了自己用产品，就是多读、多看、多观察。每次见到某一种用户行为，都分析、记录、归类，看你能看的一切用户反馈、评价、数据，分析你能分析的一切用户的正常行为。重点是每一刻都用心。（俞军说 2016 年他在知乎阅读达 1 900 万字，超过 98% 的知乎用户——当然他也承认，可能有很多长文是打开就没读，他在邮件里、微信里、全网上阅读的内容也至少等量于此。——“难道我一年读了 5 000 万字？这不可能吧。”）

对于大多数单一产品的产品经理，仅做这一件事就需要三五年时间。俞军自己也在这么做。他坦承自己的产品能力集中在搜索引擎上，当他加入滴滴，还是在花海量时间重新积累样本。

如果你想更深入理解俞军在积累用户样本量这件事上的理念，你需要反复思考这句或许会成为俞军新的名言的话：“用户不是人，是某种需求的集合。”

听上去奇怪且刺耳，但俞军的逻辑是自洽的。

——每个人都有很多种需求，不应该以人作为样本集合，而应该以需求作为样本集合。

——做某个产品，就要针对用户这一种行为进行有深度的样本积累。

——你熟悉这个人在这款产品上的行为，不代表你也了解、理解他在另一款产品上的需求和行为。

——每个人都有很多种需求，所以世界上虽然只有70亿人，但可能消费几百上千倍于此的产品，凡是未被满足的需求，只要能被整理出来，呈现为一个群体，就是新机会。

以人群为思考基础，甚至以单个人为思考基础，样本粒度都太大，且易有误解，要把粒度压到尽可能小，缩小到某个行为背后的每次需求，然后基于需求重新将样本分类，这是一个只存在于虚拟世界和大脑中的新的世界谱系。它是一种新工具，对产品的思考与决策来说更有效。

好的产品经理能够在积累足够大的样本量后，从各个角度将用户行为分类，在做不同决策时找到不同论据，不自欺，不欺人。俞军认为："比产品天赋，其实比的就是总结能力。"他甚至觉得，更多产品经理应常年在一个领域积累用户需求样本和专业知识，不必时常切换领域。

但我还是不合时宜地问了一个问题："用户不是人，是某种需求的集合"这句话，在一向不尊重用户的中国互联网业，会不会造成误解，让更多产品经理更不尊重用户？

俞军的回答是：如果一个产品经理会有这种误解，那这种产品经理你也不用管他了。

怀疑精神是个似乎与前两点并不处于同一层级的词。

我倾向于认为它是俞军自己对产品经理思维习惯的一种总结：需要持续地自我论证与自我反思。

但归根结底，如果说第一点是产品经理要专注于寻找价值，第二点是要通过有效且持续的方式积累用户样本量，我妄自揣度，俞军心里的第三点，是他认为产品经理需要形成一种正确的思维方式。或简单地说：有效的样本 × 正确的思考方式 = 找到真的价值。

在谈到自我论证和自我反思之后，他讲了产品经理需要提升对两件事的判断力：确定性和可行性。

确定性是指你对某个观点有多大把握，可行性是指你觉得这件事现在能做到什么程度。重点是，作为一个专业人士，你是否在做产品时对这两件事有清晰的认识：前面讲的积累用户样本量，其实就是在提升对确定性的判断力，你越知道哪些用户、哪些场景符合这个判断，你的确定性越高，你知道的越多，越知道缺乏哪些信息做决策；而能够准确判断可行性，才是匠人的手艺所在。俞军倾向于将这两件事在内心从零到一百打个分。

我曾在朋友圈看过俞军一句有趣的话，大意是：用户的反馈，我一字不落；用户的建议，我一概不听。之所以听用户的反馈，是因为那是真实用户行为样本。之所以不听用户建议，是因为他们没有经过专业化训练，没有进行可行性判断。

在可行性方面，他特意提到，如果说确定性是个可以持续累积的数，可行性则可能因为时机、对手、行业变迁而上下浮动。在这次演讲中，俞军多次谈到了变化，这让我感触强烈，因为我很少见到一个产品经理如此在意变化，或者说不畏惧变化。变化永远会打乱计划，是执行者的天敌。但或许只有真的不畏惧变化或敢于关注变化的产品经理，才可能进入更高格局。

随后他又谈到了为什么硅谷的公司少有产品经理，而中国公司需要海量产品经理——因为中国的人文教育更少，理科生中具备人文素养和同理心的人太少，让他们做决策是不够的。

如果把这一节的所有关键词总结一下，有怀疑精神、确定性、可行性、人文素养、同理心、逻辑…… 约略可以看到俞军想表达的：用于消化用户需求样本的是人文素养和同理心这些软实力，但它们仍需要转化为确定性和可行性这种可以量化的指标，并且需要有自我推敲的自我完善机制。

或许对于这方面，俞军仍在进行总结及丰富，期待不久之后看到他对这部分更完整的阐释。当然，在他丰富这点之前，你也可以自行总结，究竟哪些思维品质有助于形成最好的思考框架。

演讲中，他有一句话触及了自己的情怀："产品经理们就是以产品当笔，与世界对话。"就像这次演讲给我的整体感受一样，这句话让我进一步思考了产品经理这份工作应该有多难。

深度对话俞军：关于产品经理的价值、天赋、能力、成长及未来

（黄海均　2017 年 6 月）

2017 年 6 月 6 日，滴滴成立五周年的日子，我有幸拜访了滴滴出行产品高级副总裁俞军，与他在办公室进行了两个小时的交流。俞军老师分享了他关于互联网产品经理的观点，系统严谨且有实际指导作用。经俞老师授权，我将分享内容进行了整理，并尽可能原汁原味地呈现给所有产品经理同行，欢迎大家交流。

俞军是中国互联网界的一个传奇：热爱搜索成痴，2000 年以网名“搜索引擎 9238”写了一封传奇的求职信，后加入百度，担任产品副总裁和首席产品架构师。在那个中国互联网处于野蛮生长，还没有产品经理概念的年代里，他是百度搜索系列产品早期唯一的产品经理，后来主持设计了百度贴吧（2003 年）、百度知道（2005 年）等世界级创新产品。直到俞军 2009 年离开百度后，他在百度多年的产品经理方法论，被同事们整理总结为“俞军产品经理十二条”流传业界，至今仍影响着一代又一代的产品经理。

到底什么是产品经理

俞老师认为，从古到今，所有产品都可以分为需求、生产、销售三个环节。产品经理是要对产品的市场结果负责，全盘考虑三个环节的职业角色。

- 需求：产品到底满足用户的什么需求。
- 生产：有效率地把产品做出来。不管是实体，还是软件，或者是一项服务。
- 销售：把产品卖给用户，包括营销、品牌、售后等。

我们都知道，产品经理的概念最早是宝洁提出来的。在此之前，宝洁这么大个公司也运作了很多年，只不过“产品经理”这个角色的职能是其他人在承担，可能是总经理或者掌柜的。宝洁开始可能只生产一个产品，但当它要生产更多产品的时候，发现需要进行资源调配，需要排优先级，组织结构需要重新适应新的生产需要。从一个横向的维度，宝洁提出了产品经理的概念，不拥有实权，不实际汇报，对结果负责，将原来的职能部门按照产品重新组织，提升效率。一个职业的诞生和留存，必然是因为它优化了企业分工，提高了企业收益，产品经理也不例外。

虽然都是对结果负责，但对于不同形态、不同阶段的产品，最能创造价值的侧重点不一样，产品经理需要搞清楚在当前阶段侧重哪一方面更能够创造价值。

产品经理的演进史

在以宝洁为代表的消费品时代，企业的侧重点都在销售上面。因为需求相对确定，生产也很标准化，都有工业时代成熟的方法论来支撑，使得产品本身容易同质化，但在品牌定位、营销、渠道控制上拉开差别，决定了公司是挣 10 亿元还是 100 亿元。宝洁时代的产品经理，本质上是“营销产品经理”。

然后是软件时代，这个时期常见的产品经理本质上是“项目产品经理”，主要工作是管理软件生产。早年软件的需求大多数是 to B 的，to B 的需求相对容易明确，顶多跟老板或客户讨论一下。即使有一些 to C 的产品，也因为市场稀缺性的缘故，用户面临较少选择，不愁卖。那个时代最稀缺的是生产软件的合格工程师，如同五年前的产品经理，供给远远跟不上需求。所以产品经理在管理生产上更能创造价值，负责沟通协调、版本控制、按时交付。

再到互联网时代，才出现较多“需求产品经理”。项目产品经理和营销产品经理的工作做得平庸一点，不是严重问题。但需求产品经理的表现好坏，却往往能够决定一个产品的生死，这才导致产品经理职业的地位上升，受到关注。这样的产品经理很少，对素质要求很高，工资收入也很高，开始影响整个行业。这种局面的出现有两个影响因素，第一是需求。

当你把一种新要素引入现有的生产体系或生活方式中，创造出巨大的新价值时，创新就形成了。过去五年，最大的新要素是移动互联网；再往前十几年，最大的新要素是 PC 互联网。历史上的电、石油、蒸汽机也是重大的新要素。每一个影响时代的新要素出现后，跟我们的生活和生产方式结合，就能创造无数的新产品，我们可以根据需求去判断可以做哪些。但每个时代，亿级和千万级用户规模的产品需求都是有限的。你得早发现，而且到最后还要从激烈竞争中胜出，才能改变时代。只有能决定正确方向的需求产品经理才有价值，才决定了后续成败。如果需求产品经理表现平庸，后面不论融资多少，工程师或是运营、营销人员多优秀，可能都无法弥补错误决定带来的损失。

产品经理要进行需求判断，是因为有一个新要素出现。但这也是现在很多产品经理人心惶惶的原因，他们的地位跟五年前不一样了，因为移动互联网这个新要素被挖掘得差不多了。俞老师认为，下一波的 AI（人工智能）浪潮很可能不是一个能创造很多 to C 新产品的新要素，但可能跟二三十年前的软件计算机类似，其主要价值在于跟原有产品结合，提升企业效率。

跟软件时代相比，除了需求，还有影响产品经理地位的第二个因素，也就是“体验”。这一代产品经理的影响力这么大，是因为需求、体验碰撞到一起，产生了双击效应。

为什么体验这么重要呢？还是互联网带来的。互联网作为一种信息科技，使得人与人之间的信息传递和交换非常高频、主动。用户的发言能力和信息获取能力都变强了，从贴吧、博客、微博到微信，培养了人们发声的习惯，再加上消费品从物质变为软件和服务，而且是 7×24 小时在线、来回数据交互、大规模、充满竞争、用户发声容易、负面评价容易被传播的在线服务，用户的切换相对容易，用户的选择权大大增加。怎么让用户选择我们呢？极致的体验开始有了价值。而且当一项服务动不动就有千万级、亿级用户时，体验每改进一点，价值就乘以千万倍、上亿倍。而如果一个软件只有 1 万人使用，你花同样的成本去做，收益就非常有限。所以，这个时代不只是互联网，很多传统行业都逐渐意识到了体验的重要性，不管是开餐馆，还是开公司招人，你的声誉和体验变得越来越重要，直接影响别人的选择——追求极致的体验开始变得有了更大商业价值。所以传统领域现在开始强调“互联网思维”和“产品思维”，本质原因就在这里。而重视体验最好的方法，就是从“产品经理”的角度，以用户为中心，横向组织资源，按需求去进行生产和销售。

移动互联网时代，需求、体验、生产三个方面加在一起，导致产品经理（和工程师）被大量需要：新要素出现导致无数的新产品需求亟待挖掘；移动互联网导致用户数量上升一个量级后对体验要求更高；大量 App 需要流水线一般的生产人员。所以过去五年，产品经理的需求量如此大。现在呢，需求方面的重大新要素未出现，生产方面 App 数量减少，体验方面很多产品成熟加上从业者水平上升得也差不多了，所以现在没有一技之长的产品经理不好找工作。但现在 P7 级别以上的优秀产品经理依然极其稀缺，一将难求。

产品经理对公司环境的要求

任何产品都有产品经理，叫什么不重要。真正的产品经理是三位一体的：

- 主人翁意识：把产品当成自己的子女，绝大部分老板是这样；但空降兵、职业经理人、打算离职的人不一定有。
- 决策权。
- 专业产品能力。

只有同时拥有主人翁意识、决策权和专业产品能力，并且在一个正确的土壤和环境里，才能诞生真正的产品经理。

与此同时，产品经理是一个非常注重完整流程实践的角色，还与公司是否具备高容错能力直接相关。

比如现在微信如果要做搜索，即使是找 B 类人才去做，也可以高容错地反复试，反正内容的生产体系（公众号）、用户行为数据、连接服务的能力都在微信自己手上，用户替代成本也高。通常，一个公司的新业务、边缘业务、有优势资源的业务、核心业务协同业务、低竞争业务、老板关注的业务、没人跟你抢的业务，更有高容错倾向，天赋一般的产品经理可以考虑选择这些业务以获得更好的成长宽容度，但代价是更长的成长时间。

有些做产品的机遇是低容错的，错了就大概率要失败，竞争环境、资金、团队都不会给你第二次机会。有自信的产品经理可以挑战这样的机遇。其实不论做什么产品，总有些选择是低容错的，这一关总要过。

也可以简单地说，一个产品经理如果没有达到 P6 级（3~5 年经验）的水平，贸然加入一个低容错的业务（比如早期创业公司），对他的成长是不利的。

如何成为顶尖产品经理

一个人需要同时具备天赋、努力和机遇三大要素，才有可能成为顶尖的产品经理。

机遇包括公司的环境和业务（是否能够碰上新要素）两个方面。这个业务面向的用户是百万级、千万级还是亿级，商业价值是 10 亿美元还是 100 亿美元，其用户价值是不一样的。很多业务的用户价值天花板在一开始就已经注定了，虽然后面可以不断调整用户价值，比如降低替代成本，提高体验，但这些都是微调，大方向的突破总是小概率事件。而且关键的产品经理，得在业务的前半段或上升期就参与其中，在此过程中进行无数的权衡取舍和细节决策，才能够学到更多。到产品成熟期之后再参与，能够学到的就少很多了。

产品经理的天赋当然不能太弱，它到底是什么，后面会详细说明。

至于努力，没什么好说的，聪明的人一般都不会太懒。

每一个时代，用户在亿级、千万级、百万级的产品就那么点，只有碰到复杂产品成长期的机遇，并且环境合适，加上自己有天赋，才能够成长为优秀的产品经理。

产品经理的天赋到底是什么

俞老师把产品经理分为 A、B、C 三类。

B 类相对简单，要求有逻辑。

C 类是指逻辑或性格有缺陷，不适合做产品经理的人。

A 类除了有逻辑，还要有视野、同理心、自我否定的能力。A 类又有强弱之分，但是只要能够挤入 A 类就够了。因为对于大多数人来说，主要还得看机遇，如果能够抓住好的时代机遇，“时代会推着你走”。

哪怕是 B 类人才碰到好的机遇，经历超额历练，也有机会练为 A 类人才。人的潜力是无限的。

这里的逻辑指的不是理科逻辑，不是说奥数比赛或 ACM（国际大学生程序设计比赛）冠军就能做好产品经理，而是指人文逻辑，是纳入了人这个复杂变量的逻辑，产品经理是科技和人文相结合的化身。（这里我补充一点，如同乔布斯所说，他站在“科技和人文的交叉口”。）

有的聪明人做不好产品经理的原因就在这里，他觉得自己逻辑性很强，但是做好产品经理更需要对人性、行为、需求的深度挖掘。产品经理研究的是一个用科学方法研究复杂且非科学的人性，并转化为可执行的商业方案的实证性学科。一个具备人文逻辑的人，最重要的是拥有批判性思维，其次是理解人和世界，最好有丰富的实践经历，心理学、经济学、文史哲艺等知识也是多多益善，能够敏锐地捕捉到一些相关信息，并且能够理解世界的多样性、什么是对错、什么是公正、人为什么存有不同的思想、为什么会有立场等问题。

critical thinking 在中文中其实没有对应的词语，翻译成“批判性思维”不算好翻译，它实际上说的是“科学精神”，简单来说是指一个想法要经得起持续质疑和验证。

产品经理要了解批判性思维，俞老师推荐阅读《这才是心理学》；经济学入门书籍，推荐曼昆的《经济学原理：微观经济学分册》；心理学入门书籍，推荐《思考，快与慢》。

关于人文逻辑的学习，说难也难，说简单也简单。从小学到大学，从家庭到社会，我们是缺乏人文教育的，包括逻辑思考、对人性的理解、批判性思维、艺术修养等。市场上只有很少人符合这一要求。产品经理没有对应的学科，如果不考虑天赋因素，感觉经济学、心理学专业更合适一些，它们用数据实验、控制对比的科学方法去测试复杂的个体及群体行为，验证得出更合理的结论。目前，中国的产品经理主要还是理工科背景的人。好的产品经理都是人文意识觉醒者。

好的产品经理也都是不遵从规则者。滴滴开始做入职性格测试后，有一次俞老师听说一个打算聘用的产品经理没通过测试，原因是“遵从规则”的得分特别低。他一想，不对啊，产品经理的工作都是要改变旧规则，创造新价值的，不遵从规则的性格是应有之义。于是他挑了二十几个成绩靠前的滴滴产品经理和他一起做了那个性格测试，发现有 3 项的得分特别集中，其中就有“遵从规则”，1 分为最不遵从规则，10 分为最遵从规则，结果只有他自己是得 3 分的乖宝宝，其他人都是 1 分或 2 分。后来滴滴产品经理性格测试就不受这一条限制了。另一项是“想法独立”，大家都是高分。还有一项是“依赖数据”，大家全部集中在 5~6 分，大概说明“产品经理不看数据不行，只看数据也不行”。

中国的优秀产品经理对于需求、体验、竞争、增长的理解，是胜过硅谷的产品经理的。核心原因是硅谷的产品是低竞争性的，在文化层面以复制为耻，创业公司有所创新就容易一骑绝尘，因此对产品经理的依赖性低，产品经理得到的历练少。但是在产品经理的人才综合素质、人文逻辑培养、方法论输出能力等方面，硅谷仍有一定优势，这不是中国在一两年之内能够赶上的。

什么是产品

常规来说，产品就是满足某种需求的、由人加工或生产的、可交易的东西。但是光知道这个定义没什么用。

俞老师定义的做产品，是用“创造新价值”为工具，打破旧利益平衡，建立对己方有利的新利益链、新平衡的过程。产品创造的新价值越大，打破旧利益平衡就越容易，产品就会高速发展。不创造或只创造很小新价值的利益分配，是零和博弈，总是艰难的。企业也好，产品经理也好，做的大部分事情都是围绕用户价值最大化，发现它和实现它。产品设计的本质，就是利益分配。在新旧利益重新分配的过程中，不能硬把旧的利益“夺”过来重新分割，这非常难。这时候往往就需要引入新要素，创造新价值。创造新价值，就是创新。用任何新要素审视现有生产方式和生活方式，如果能应用并创造新的用户价值，就是创新。

对此，俞老师之前总结过一个公式：用户价值 = 新体验 – 旧体验 – 替换成本。

新要素可以是但不限于新技术、新方法、新工具、新渠道、新场景、新认知、新内容、新平台、新人群、新材料、新能源、新政策、新组织、新通信、新媒体、新包装。

人人都能创新，事无大小都能创新。举个例子，知道朋友圈新鲜事的红点提示可以取消，设置以后，每天省下不少时间，创造了巨大的新的用户价值，这就是应用“新方法”的创新。

社会上对创新的常见误导有：过分追求变化，弄错手段和目的；不够重视价值衡量；唯新技术论。

产品经理的能力和成长

前文说的产品经理的天赋指的是潜力，不是能力。俞老师把能力模型分为五级。

产品是由用户需求定义的。如果把产品经理自己看作一个产品，目标用户就是企业，企业的需求很明确，为它创造价值。所以产品经理的能力模型要按照给企业创造价值的能力分级。

第一级的关键词是可行性，这个级别的产品经理要能对一个需求或问题给出高可行性的解决方案，大约是市场上的 P6 级，小领域的熟练执行者。这要求产品经理完成基础技能训练和该领域知识的积累，对用户价值、技术可行性、商业可行性有基本判断力。基础能力训练要求做过不少项目，明白产品基本流程，知道不同项目的异同点、常见关键问题、跟团队如何协作等等。如果只做一个个项目，很多问题是碰不到的。领域知识包括这个领域的典型用户是哪些人，他们都有哪些需求，不同场景下的需求有什么变化，是真需求还是伪需求，以及价值链上的各方，比如出行平台的产品经理需要了解乘客、司机、平台、竞品（替代品和被替代品）、政府、社会、合作伙伴、腾讯、阿里巴巴等各方的利益诉求和行为习惯。领域知识往往需要通过大量阅读、大量实践和大量思考来积累。

要达到 P6 水平，一般来说，在成长环境合适的前提下，S 类（A 类的前 20%）人才需要两年，A 类人才需要三年，B 类人才需要四五年时间来入门。如果一个产品经理的天赋是 B 类怎么办？那就需要运气很好，并且加入一个高容错的公司，经过超额历练，才能够突破 P6 的天花板，激发潜能。

再往上的第二至第五级的关键词分别是创造、权衡、变迁、方法论。

创造：这个级别的产品经理要能为一个需求或问题找到最优解。这需要不断洞察环境、用户的持续变化和趋势。找最优解都是创造的过程，只有 A 类人才有可能做到。想在这个级别修炼的产品经理，找工作时要优先寻找周围有人比你厉害的公司，这很容易理解，如果你已是这个团队中最厉害的产品经理了，那么你肯定成长很慢，但如果周围的产品经理都很厉害，那你肯定成长飞快。

权衡：这个级别的产品经理，要能跳出单个需求，从全局角度考虑权衡取舍。即使一个需求为真、可行、有最优解，最重要的还是决定当下要不要做，分配多少资源做。要把无数个需求放在一起考虑（想做什么），基于当下的内外复杂环境做判断，结合当前公司能力（能做什么），排出优先级（有机会做什么）。想在这个级别修炼的产品经理，需要独立负责一个有足够复杂性的产品或子方向，这样才有机会做复杂决策。最好是负责高速迭代型产品，这样做大量权衡取舍两年，多总结多思考，怎么也把决策准确率刷高了。在这个级别，有的人开始带团队了，选人用人、沟通协调能力都开始影响到你对企业的价值。

变迁：这个级别的产品经理，要能跳出当下，对世事变迁敏感，对需求或问题做决策时，形成习惯性地预判（并反思自己的判断是否正确）能力。这需要从早期开始完整地经历一个产品变大的过程，并在用户变化和外部环境变化中做很多产品对策调整。反过来，一个大产品的变化又会影响到用户和外界的应变，如此交互循环，以形成对社会变迁、产品变迁、用户变迁完整的理解链条。俞军经常建议滴滴的产品经理，先把专业天赋能力刷满，再转职管理岗，转职管理岗往往能让产品经理对企业的价值再上升一级，但太耗个人时间和精力了，转职后继续提升专业能力会很难。但在这个级别，就一定要带团队了，一个人做不了，对优秀产品经理的识别和培养能力变得很重要。俞军思考过产品经理能不能只走专业路线，结论是不行，没有决策权就不是产品经理了，所以到后期还是要转职管理岗的，唯一的例外是，除非这个产品就是你从头至尾做出来的，那你可以招个人来分担管理职能，你继续只做产品决策。

方法论：这个级别要求有成体系的优质方法论输出。这个层级主要是追求“影响力”和“确定性”。影响力好理解，到这个层次肯定都需要带团队，建立影响力有利于招人、留人，以及在内部推动关键项目。确定性是什么意思呢？比如某个著名产品是你做的，但产品的成功可能是多个因素决定的，如何知道有多大成分是因为你个人能力强，有多大成分是因为公司老板倾注的资源多，有多大成分是因为遇上难得的机遇？如果你把方法论总结出来，在一定程度上证明了你的能力，那就提高了你做成另一个产品的“确定性”，企业也愿意为高一点的确定性买单。要形成方法论，很重要的一点是，要多做不同的业务——通过在新旧业务中比较异同，发现旧经验的适用和不适用，思考其中的通用性高低。

过了 P6 级之后，产品经理的成长就不是呈线性的了，以上五级也未必需要一级一级往上爬，而是跟公司环境、新要素、个人天赋都有关系。在最理想状态下，可以针对这五级能力要求，同时学习修炼成长。

有的人可能会比较快地体现他的创造力，并参与产品的权衡决策。

有的人还是低阶产品经理，甚至还不是产品经理时，你也能看出他的思维框架和知识结构会让他未来比较容易完成权衡、变迁这些阶段的练级，如果帮助他快速完成基础技能和领域知识的前期阶段学习，四五年就能收获一个优秀产品经理。

产品经理的市场行情

熟练的 P6 级产品经理中较优秀的那些，现在的市场价已经是 50 万元年薪了。而一个学生在公司内工作三四年，只靠内部正常调薪很难达到 50 万元年薪的水平，就算能，一个公司内也只有极少数名额。这样一来，新人中的优秀产品经理每到三四年就会有一定的流动，在流动中涨薪 30%~50% 的话，就达到了市场行情水平。但是，每往上一级，人数就少一个数量级，薪酬就有可能翻倍。达到创造和权衡级别的人就更少了，现在有钱都很难找优秀的人才（只有大产品的机遇才能吸引他们），关键是符合条件的人很少，而且很多人根本不流动，他们不是公司骨干就是去创业了，很少进入流通市场，有价无市。

产品经理的发展方向

在移动互联网这一要素被挖掘差不多的情况下，产品经理可以往互联网之外的领域去发展，互联网和传统行业的结合是不可逆的，而且数量很大。当然传统领域的新要素带来新产品的机会很少，主要机会在于提升体验层面，“体验”在这个时代特别有价值。

很多互联网业务越成熟，产品经理的定位越往生产和销售环节靠：提高生产效率，或者当业务更成熟时参与到营销环节，挖掘用户价值。因为用户价值不是客观事实，而是用户主观的感知或预期，产品经理可以通过改变用户的认知来提高用户价值。

事实与道理

有一句话叫“听过很多道理，依然过不好这一生”，为什么呢？因为每一个道理都有它的边界和前提条件，需要彻底搞明白，才知道它是否适应自己的情况。否则贸然套用，那就肯定过不好这一生了。

我们首先得知道，“事实”和“道理”的区别。

比如我们看书，有的书讲事实，有的书讲道理，还有一些书把中间的思考过程写出来。从事实到道理，中间有很多路径，包括实践、阅读、跟人聊天。其中，通过实践积累的事实案例是最有确定性的。

俞老师说，为什么他离开七年，还能够回到产品经理的世界。就是因为在百度经历了大部分产品从零到一再到十的过程，这些积累的无数需求分析、无数权衡取舍、无数用户案例、无数假设验证的实践经历是客观存在的，是整个 PC 互联网时代独一无二的机遇。虽然 PC 互联网跟移动互联网不同，但是理解人和世界后做产品决策的道理是相通的。有一种训练方法是，每每看到或想到有意思的道理，就用自己积累的事实去匹配一遍，看哪些能够被验证，哪些不能验证，在这个过程中不断校正它们的对应关系，明白道理适用的边界在哪。

整体来说，现在要搞明白很多道理是相对容易的。但是要积累足够多的事实（实践）倒变难了，因为机遇是有限的。所以对 P6 级以上的产品经理来说，只有案例分析才有价值，空讲道理无益。

在公司内部，就算上司将“信息”与下面的人全部共享，但因为所处位置不同，“问题”未必能够得到共享。上司每天担心和思考的问题，未必是下属所想。所以每一个大产品，就只有一个真正意义上的产品经理，孤独永存。下面的人能够学到的，注定会少很多。产品经理加速成长的一个自我练级方法，就是要经常用同理心代入这个业务的核心决策者立场，想其所想，思考和解决他所关心的问题。

还有一些零碎的内容，我以问答的方式来记录：

黄海均：产品经理需要懂技术吗？

俞军：多数情况下懂技术不是必要条件，但需要了解技术的可行性和可能性。

黄海均：如何跟开发团队更高效地沟通？

俞军：这不是一个方法问题，主要还是人的问题。比如，从工程师团队中挑一个有产品感的人，参与产品的前期工作，有利于后续推进。还有比如换一个优秀产品经理来，就更能让工程师信服。我在知乎上也回答过，如果产品经理做对一次加 1 分，做错一次减 10 分，达到 60 分就及格，这相当于 100 次里只能错 4 次，难度是不小的。

黄海均：为什么市场上普遍觉得产品经理少？

俞军：因为标准不一样吧。有人认为只要熟练的 P6 级人员就是好的产品经理了，能保证产品按照想法实施出来；有人觉得有洞察力，能找到最优解，才算好的产品经理；还有人觉得好的产品经理能够对某个业务负起责来，能权衡取舍之后做好的决策；还有的人觉得只有做出全国知名产品，才算是好的产品经理。

黄海均：你上面讲到产品经理应该三位一体地考虑需求、生产和销售，但现在很多公司把用户产品、商业产品分开，你怎么看？

俞军：在百度网站建立的早期，我一个人做所有产品，包括竞价排名产品，但那时我还是一个清高书生，觉得我是来“普及中文搜索，推动社会进步”的，赚钱这么庸俗的事怎么能是我做的呢？后来反正我也忙不过来，就顺水推舟把竞价排名让给了王湛（百度前副总裁）做。所以商业部分的产品后来都没在我这里，当时没有感觉，离开之后才想通，产品经理就是应该面对闭环，绝对不应该分用户产品和商业产品。可能下面执行的新手产品经理们可以这么分工，但是真正的产品经理就应该全盘考虑，在洞察用户需求的时候就想到成本和潜在收益，在考虑赚钱的时候就想到用户利益和长期发展的需要。我也已从清高书生变成一个满脑子价值、价格、成本的俗人了。

黄海均：说到中美差异，举个例子，推特现在市值为 110 亿美元，微博市值为 150 亿美元，前者这些年的产品几乎没有进化。如果按照中国人的产品思路去改造推特，把直播、付费等功能加上去，它的市值有可能超过微博吗？

俞军：虽然我认为硅谷的 to C 产品经理比中国差，但推特比微博差这么多，主要原因也不是这个，还是市场差异问题。你能把中国的直播复制到推特，但用户需求没法复制，推特的用户群、美国的用户群对直播的需求和偏好，跟微博用户和中国用户的需求是有差异的，这种差异有可能很大。

做个最简单的对比，以前新浪新闻的影响力在 PC 互联网时代的中国媒体中是数一数二的，但是雅虎新闻的影响力在同期的美国媒体中只能算前十名？所以中美之间，因为两个市场的用户需求差异，同样的产品能创造的用户价值是大相径庭的，最终产品的影响力也注定大相径庭。

微博也有类似的因素，中国是处在一个比小说还精彩的时代，美国还是逊色了点，推特也没办法。

类似的还有淘宝，当年我在百度力推进入电商领域，就反复跟大家说阿里巴巴未来的价值一定比亚马逊和易贝（eBay）的总和还要大。美国的传统商业已经很发达，电商创造的新价值虽然也很高，但相对有限，而中国的电商与传统商业能创造的新价值是天壤之别。阿里巴巴哪怕只是照抄易贝模式，创造的新价值也会远大于美国，更何况阿里巴巴还有很多创新。

类似的还有领英（LinkedIn）。前几年，有人问我有无兴趣负责领英中国，我说这事做不成，即使把领英复制过来，但中国没有大量标准化可流动的中产阶层人才，巧妇难为无米之炊。需要有大批追求企业效率的市场化企业，才能源源不断地培养和采购中产阶层可流动人才，而中国的五百强外企总市场不大，还在走下坡路，科技企业群体也还没成长到足够大。

而反过来看，也有产品在美国比在中国能创造更大用户价值。优步（Uber）在美国还能送快递、送外卖，它的产品替代对象是美国的一些低效率快递和外卖。美国快递效率极低，快递人员往往在你买了物品的好几天之后（还不知道具体是哪一天）把快递扔在你家门口，可能一单还收十几美元，而优步多收一点点钱就能很快给你送到，这个产品替代就是有较高用户价值的。而在中国，假如滴滴要做这件事情（送快递），就要跟五元钱一单的江浙沪地区快递去比，那不是开玩笑吗。

黄海均：你现在的目标是什么？

俞军：目标是把滴滴的产品团队带到行业一流水平，培养出一批优秀产品经理，希望他们未来都有自己的成功作品，在时代的画卷上写下自己的名字。

黄海均：滴滴招产品经理，你都要面试吗？

俞军：P6级以上的产品经理，我都要亲自面试。

黄海均：现在主要想找什么样的产品经理？

俞军：级别不限，只要是A类人才都可以。但更欢迎有三五年工作经验的A类人才，这个阶段的不少产品经理会感觉成长路径不清晰，我的经验恰好能帮到他们。

湖畔大学产品讲座

（2017年12月）

天赋高的产品经理一定要多换业务

产品经理的核心竞争力是输出决策的质量，与选人、团队文化和培训方法有关，科学的产品方法可以总结成五个词：逻辑、同理心、经验、异见、数据。有一些更依赖个人，有一些取决于挑选，有一些更容易培训，还有一些需要公司建立特定的团队文化。

前面三个词跟人有关，你找的那个人，如果有逻辑，有同理心，有某个领域的经验，他的输出决策质量肯定会更高。虽然异见和数据也跟人的性格、能力和积累有一些关系，但更依赖于公司的文化和培训方法。

前面三点是快速在脑子打磨想法的过程，后面两点则是长周期、低频地打磨产品的过程。

逻　辑

所谓有逻辑，首先是能区分事实。过程要严谨，才叫有逻辑，如果你跟一个人说话，发现他下结论的前提、论据不严谨，最好不要用。或者至少可以指出他的问题，看他能不能认识到。

我经常在内部说一句话：结论可以错，逻辑不能错。如果逻辑错了，这件事情最后出错，你就根本不知道问题在哪里。

有时候逻辑有小逻辑和大逻辑之分。比如，现在外面下雨了，你的餐厅有一份外卖要送，愿意出去的送餐员却少了，除非你加钱，这是小逻辑。但是从大的逻辑来说，下雨天别人家不送外卖（除非加钱），如果你愿意照常派送，可能一单亏了两块钱，但这个用户记住了你，可能他以后的五单、十单都从你这里买。

逻辑可以从不同维度思考，但是只要大家讲逻辑，至少讲道理，事情就比较好办。讲事实、讲道理就是逻辑的价值。

同理心

同理心是指不论是面向用户，还是在内部跟不同的部门之间沟通时，都能够站在别人的角度思考。同理心特别强的人很少，但是不要找那些同理心明显不足的人。

不管什么业务，做大之后都需要考虑多边关系，当你要做一个产品或者修改一个策略时，要提前思考参与其中的人谁会反对，谁会赞成，这样就容易推动规则的调整和利益的分配。产品设计本质上就是利益分配的过程。

除了先天的微小差异，同理心很大程度上可以后天训练。最基本的一点就是亲自实践，去体验自己的产品。你用自己产品的次数越多，就越能看懂用户的反馈。由于用户一定是基于某个微观场景使用产品或者服务，而这种微观场景处于不断变化中，所以本质上，用户价值只能基于单人、单次的场景去判断。那么如何在大量并发性需求出现时判断用户价值，进行换位思考？这需要足够大的用户样本量，通过多角度的亲历，了解用户的需求。

就打车来说，如果我天天都打豪华车，那我就理解不了打快车的人是怎么想的。如果我天天只在北京体验，就理解不了某个小城市或者郊区用户的痛点和想法。另外，还需要代入心态，把自己当成某一类用户去体验和思考。

经　验

有些人可能在逻辑、同理心方面的天赋没那么高，但是经验丰富，这样的人在相同的领域也能做出高质量的决策。

但是，我认为经验是阅读、经历、思考三位一体的，哪一块板最短，经验的水平就在哪里。

工作年限只是经历，只有在这个过程中有自己的思考，从中悟出东西才叫有经验。

我指的阅读，是广义的阅读，看书、看电影、逛论坛、聊天、上课等都属于这个范畴。当然，阅读完了还得去思考。

所谓思考，就是在做事的过程中，去了解和发现它们的共性和差异，因为除了少数场景外，经验很难简单复制。

所以，在经验的基础上还要强调实践。因为一个真正好的产品，一定是全新的，前所未有的，这个时候你从哪里招与之相关的有经验的产品经理?

面对一个纷繁复杂、永远变化、信息不确定的世界，以自身有限的认知去解决一个问题的过程，就是实践。

异 见

决策难免有盲点，因此公司还是要建立平等沟通的文化。理论上，做产品首先是发散的过程，然后是收敛的过程。

平等沟通，就是鼓励大家从各个角度提出不同的意见。特别要强调的是，应该特别鼓励提出否定性意见，让人能够在某个观点得到好评的同时，敢于质疑。

我估计每个公司的文化里面都包含了平等，而实际上，如果领导提出一个观点，大家只是提出一堆补充性意见，虽然看上去很民主、很平等，但还不够。否定性意见才是真正的异见，只有足够多的异见，才能让这个决策的质量在千锤百炼后得到提高。

此外，平等沟通的文化，能够让团队广泛参与，在后续的执行过程中更容易达成共识，提高执行效率。

同时，平等沟通的文化依赖于公司的综合实力，其中的重要一条是人才的平均水准要到位。如果在一个团队里面只有一大堆水平差的人，大家都没有思考能力，哪怕进行民主大会也讨论不出有价值的东西。

数　据

数据是这个时代最强大的引擎，是能兜底的，能用数据做决定的那些事，大多数时候不见得很费劲，但是数据驱动也有它的缺陷。

首先，不是所有的事都适合做 AB 测试。

其次，如果每一件事都要做 AB 测试，很多事就做不了，容易形成依赖或者导致产品经理有目的地去挑选项目。

最后，数据认知有限，只能反映过去，无法预知未来。

当一个项目进入正常化，驶入高速公路的时候，强推数据是没有问题的。但如果找方向的时候，还是一味强调数据驱动可能就不行了。这就需要产品经理在使用数据时做出判断，哪些事情用数据驱动成本会很高，哪些事情的数据只能作为部分参考。

因此，招聘永远是看人的深度思考能力。当然，对于一些资质不算特别突出的产品经理，去数据驱动型公司是最容易获得成就感的，因为输出质量更有保证。但是，对于天赋高的人，我建议不要长期待在这样的公司。

因为数据驱动型公司是按特定的业务找人，而我认为天赋高的产品经理一定要多换业务。如果长时间只做一个业务，学到的经验和思考很快就会有边际效应。

只有在换领域的时候，你才能发现原来的经验、理论在新领域，哪些能用，哪些不能用，才能思考它们的共性及差异性分别是什么。长此以往，你对每一个领域都会越来越清楚，对共性和差异会想得越来越透，经验自然就上升成理论了。

一名优秀的产品经理需要具备哪些基本素质

我选产品经理很简单，通过以下四个必选项：逻辑、同理心、产品心、产品经理基础。

我把逻辑分成四部分：理科逻辑、深度思考、视野、批判精神。

所谓理科逻辑，就是对事实的辨识能力，能识别基本的逻辑链因果关系。基本上好一点学校里的理工科学生有相当比例的人都有不错的理科逻辑。

深度思考，就是能思考事物本质。对于同一件事，有深度思考能力的人的评论可能就跟别人不一样。对经历过的事，他能总结得比别人更多；对没经历过的事，他的观点也不一样，能看得更透。

视野，一是见多识广，二是思维的开放性，三是思维的发散性。有良好视野的人更容易从不同的角度去想问题，增加成功率。

批判精神是既否定别人，也否定自己。自我否定，才能自我迭代。否定别人就是敢提出否定性意见，这样才更容易把一个想法、一个决策进行千锤百炼，提高它的准确率。这一点是我们的成长体系中不鼓励的东西，所以特别稀缺，在此要单独列出来。

把逻辑分成以上四项，是因为产品经理一定是基于现实世界的微观场景和宏观背景来研究用户的。在学校里，我们学的是用知识解决问题，在设计题目时，已经假设给予的信息充分，并假设了标准答案，让你去解题，这是理性世界的问题。我总结为理科思维，就是面对一个有规律、确定的可复制场景的理性世界去解题，这其实主要是基于知识的最高确定性。但是，产品经理要解决的是现实世界的问题，而现实世界的问题根本不是靠知识就能解决的。

现实世界有几个特点，我总结了其中四个最明显的：

一是有复杂变量。每个人的想法都不一样，人对人类意识的理解可能连百分之一都没有。从个体到群体，再从群体到系统，这种复杂性不像研究一种风流动、地质变化。这个世界由人组成，是复杂变量，没办法用某一个理论弄明白。

二是世界是永恒变化的。今天这样，明天那样，可能一件事情或者一个新技术的出现，导致整个认知的基础就变了。

三是信息不完整。这个世界上的信息我们能获得的总是一小部分，而且获取的过程中可能会受到各种各样的污染。

四是人类的认知能力是有限的，就算把这个世界的信息和数据全给你，可你今天的认知和明天的认知还是不一样，你做过这件事和没做过这件事，认知也是不一样的。

所以，在现实世界中，产品经理只能在信息不充分的条件下去做判断、做预测，而且根本不知道正在解决的这个问题是不是该解决的，是不是还有更好的方式。

我觉得跟产品经理这个职业相近的职业，是军事指挥家。他可以去军校学一些知识和技能，比如怎么带兵、训练并应对各种情况。但是，世界上绝对没有一场可复制的战争，每一处地形是不一样的，面对的对手是不一样的，做了一个决策之后，调兵遣将，对手的应对措施也是不一样的。

产品也是如此，不可能复制，所以一定要把逻辑搞清楚。这样能轻易地将产品经理进行分类。

我把具有深度思考能力的产品经理归为 A 类，因为只有借助于深度思考，在微观背景、宏观背景下，了解共性、差异性分别是什么，才能在这个现实世界中不断发现它的特点，总结出规律，去引导未来的行为，并知道怎么去改变，这其实是一个永远有创造性的活儿。A 类产品经理很少，行业中不超过 10%，这不一定跟经验有关，往往是跟潜力有关。

同理心很容易解释，就是这个人是不是能够站在别人的角度去思考，并准确地察觉和判断别人的体验和感受。

一个有产品心就是说他真的喜欢做产品经理，碰到问题以后会优先用产品经理的方式解决问题，即真正地去创造用户价值，想做好这个产品。产品心类似于匠心。

我把具备理科逻辑和产品心的产品经理归为 B 类，目前大部分产品经理属于这一类。

通过以上三个基本项可以判断一个产品经理的基本素质，大多数时候以此为标准不是为了去选一个特别强的人，因为同理心特别强、具有深度思考能力的人很罕见，一年也碰不到几个。一般来说，同理心不合格的人明显比较多，这是用来否决一些人的。

产品经理基础就是一个产品经理需要具备的基础知识，如果在一个不错的环境中好好做过两三年的产品经理，基本上基础知识就掌握得不错了。他能够明白作为产品经理应该做什么、怎么做，比如怎么去调研，怎么弄明白某一个领域，怎么帮用户升级，以及在内部如何跟研发、技术打交道。

什么是产品经理的基础知识？首先是用户思维，一定要养成，这是产品经理的第一关键词。在满足用户某个需求的时候，你的替代品和被替代品是什么？如何细分用户？这些不同的用户各自的满足程度是什么样的？他不满意的是哪个环节？能不能改？为了这些细分需求，你过去怎么找新用户？怎么改善这些痛点？你对待用户有多及时？基于这些用户，过去做了什么，怎么一代代升级产品？这些都要落到实处。然后准确地找到自己的判断中哪个是错误的，发现以后运用新的认知去做新的用户探索和产品变更。

我把以上四项都不具备的产品经理归为 C 类，我觉得这样的人不适合从事产品经理这个职业。

真正优秀的产品经理每个人都不一样，各有各的长处。但是我最后总结下来，都具备上面四点，然后还有一些附加项。（其实，附加项有没有都可以，但是如果具备某一项或某几项，就更容易去找一个适合发挥那方面能力的产品，如果匹配错了，可能你的价值就不大了）。

经验复用性：招聘产品经理时，我会判断他的经验跟我想要做的某一件事是不是正好有重复性，如果有的话，会对他有一点加分。然后，我会考虑他的期望值匹配度，就是这个人之前在什么公司、什么级别，他的自我定位、自我预期和未来发展期望是否跟我的公司和岗位匹配。如果期望值不匹配，以后做起事来是很痛苦的。

思维框架：有一个良好的思维框架，能够比较容易把事情想清楚。有些人天生思维框架就比较好（哪怕他是一个学生），对一件事情能进行系统的思考。如果有这种能力，做到后面很容易成为架构师级的产品经理，可以一直从专业路线走下去。

细节敏感：不是所有产品经理都需要对细节敏感，但是最强的那些超级产品经理一般都对细节很敏感。从这个角度，有时候让产品经理做同样一件事，或看同一个东西，看出细节多少的差别，可能就是他们在产品能力方面的差别。

妥协：这一点在面试的时候可能更难感觉到，但是在公司里，如果看到某个人得理不饶人，其实你不太敢把他提拔到太高的位置，虽然他说的那些是对的，但如果不愿意妥协的话，未来大家会越做越累。

沟通能力：沟通的时候是否对答如流，是不是比较简洁精准。沟通能力强的另外一个意义，就是能推动、说服别人。其实，大多数产品经理比较内向，当管理的产品和团队变大后，要创造价值，还是需要更多的沟通。

优秀产品经理如何诞生

一个优秀产品经理的诞生，其实是天赋、努力、机遇三者的共同作用。

首先，这个人如果天赋不高，很难变成优秀产品经理。但是如果没努力过，想法没有得到实践，没有下多年的苦功夫，也不能变成一个好的产品经理。

其次，是机遇。如果你的产品没有一点日活跃用户，那谁会觉得你厉害？产品经理的能力需要在复杂产品上锻炼，如果产品太简单稳定，就锻炼不出来。产品的复杂变量越多，产品经理成长越快，因为有大量进行迭代验证的机会，需要反复权衡复杂的用户关系、多边利益关系。

最后，在特别复杂的变量中，在特别高速的变化中，你对这个世界的认知、对人和用户的认知越来越透彻，水平就这样上升了。

产品经理的“使用手册”和“进阶宝典”

产品经理的标准因人而异，尤其在给产品经理定级别的时候，会有一些困难，虽然我前面讲每个产品经理的能力不一样，但是本质上还是需要一个更简单的规律来考虑这个问题。

把产品经理分成开创型、增长型和协作型，是我最近才想到的。对一个企业来说，它需要的产品经理能力在不同阶段是不一样的，但也不是绝对的，三项全能更好，但这样的人毕竟比较少。一般来说，每个人会更擅长某一方面，所以对企业来说，要考虑的是产品在某个阶段更需要什么样的人。

开创型的产品经理很少，他需要的能力模型要求很高——深度思考＋创造力。创造力只是个人素质的一部分，不确定因素很多，有时候敢冒风险，或者通过外部测试都有可能被激发出来。确定的是，你不能要求所有的产品经理都像乔布斯，否则工作就别做了。因为大多数时候，当一个产品走上正轨，需要的是增长。

增长型产品经理才是大部分公司的基石，而且这个类型的能力要求会低得多，只要理科逻辑相对过得去就行。比如说理工科毕业的好学生，先到上游产品去把基础套路学会，大多数时候就可以成为优秀的增长型产品经理。因为有很多套路可以学，比如媒体投放、运营、活动、内部的流量转换等等。

当公司团队变大，业务做大、做复杂以后，管理和发掘团队的价值比自己做增长更重要，就需要一个协作型产品经理，去考虑（企业）内部协作和外部协作，通过外部的各种力量来创造更大的价值和更好地发挥内部的力量。产品经理本质上就是一个靠其他人来完成工作的职位。

当然，也可以把协作能力理解为领导力、推动力、沟通执行力，不管怎样，这个能力模型的产品经理在后期越来越重要。

产品处在不稳定期时，开创型产品经理最重要，因为要寻找变量。但是随着产品形态稳定，进入高速增长期，增长型和协作型产品经理的作用逐渐体现，并伴随着产品数据的增长不断放大。所以，往往是后面两种类型的产品经理更容易出成绩和得到团队认可，也更有可能获得晋升。

然后问题来了，成熟的产品也要不断面对新要素的出现，尤其是互联网的新要素。

第一种情况，比如移动互联网来了，公司要从 PC 业务向移动业务发展，这个时候就需要开创型产品经理。可是团队里都是靠增长和协作做出业绩的人，他们是不可能自我否定的，所以他在招人、评级的时候都不会优先照顾那些开创能力强的，依然会肯定和认可自己的同类。

第二种情况，比如某个新业务上线后，从老业务转过来 1 亿用户，然后转职过来一个产品总监或者产品负责人，但是他没有经历过用户从 0 到 1 亿的过程，因为他进入公司的时候就是总监，没有在一线经过大量的实践，哪怕他的思维框架不成问题，你也给了他很多的信息，最后也会出问题。但是如果他出去自己创业，反而有可能成功。所以并不见得是他能力不强，只是在大公司，手下已经带了几十、几百个人的时候，他的大部分时间都花在协调人和事上，没有时间去做一线的事。要是出去创业，他不得天天研究用户吗？

如何培养产品经理

培养新人

培养一个新手，不管是刚毕业的还是工作一两年的，最重要的还是要找到一个能快速迭代的业务，让他反复地去判断和验证，先把基础打好，掌握方法论。所以我一般不鼓励新人产品经理去做那些迭代慢的活，比如说硬件工作，可能一年更新一次，那他一年只有一次机会验证自己的想法，成长会很慢。

成为熟练产品经理的六个能力

一个新人，用两三年时间将基本技能学完之后，如果想变成一个熟练的产品经理，比如做一个产品总监或者产品负责人，我会建议学这六个方面的能力：从 0 到 1，做深做透，做宽做杂，大用户量，商业闭环，团队建设。

从 0 到 1：重新做一个产品，完全重新开始寻找用户，去判断、设计、交流，很多问题只有在从 0 到 1 的事情中才能遇到。但是从 0 到 1，做一次很有价值，做两次、三次，就不见得那么有价值了。

做深做透：那些进入大公司的产品经理，大多都是只负责某一个方向，我的建议是使劲做透，不管是某个功能的交互用户分析，还是数据增长，把这个方向的方方面面都研究透，能对产品的理解再上一层。

大用户量：产品经理要明白什么是用户，怎么归类，怎么理解用户的行为和思想，什么情况下要获得用户，什么情况下要舍弃一些用户，用户可以无限区分，但只有在一个有大用户量的产品中才能实现。

比如，对于日活跃用户上百万、千万的产品，做一点点市场规则调整，或者改动一小条文案，用户都会有明显的变化，那产品经理的验证就会很高效。相反，如果某个产品的用户少，相应的变化可能就比较小，而且数据的上升与下降受其他运营活动影响较大，他就很难验证自己的产品思维，所以大用户量产品是有价值的。

商业闭环：做产品是要对结果负责，是一个完整的体系。只扩大用户量，不考虑挣钱，或者只做商业产品，根本理解不了用户是怎么回事，都不是一个完整体系。做产品理论上是既考虑用户价值，也考虑商业价值，而且是短期价值和长期价值兼顾。对于企业来说，能挣钱的就是好产品，如果能长期挣钱，还附带着把名挣了，那是最好的产品。我觉得产品经理的工作天生就应该是闭环，商业和用户本来就是两位一体的，这是对企业长期价值的一种考虑。

团队建设的内容可从上文“协作型产品经理”段落中略窥一斑。

之前说过，很少有人能在专业路线上一直走下去，成为产品架构师级别的产品经理，这需要很强的深度思考能力。我的建议是：别光看别人的鸡汤理论，应该自己思考，开阔视野。

比如，围绕社会上的某个争议话题，在同时涌现出来的各种维度的思想中，去练习思考总结和尝试理解不同的人，然后在这个过程中自己做判断，也看别人的判断，最后得出结论，去对比是不是符合事实。然后去分析到底哪里错了，是逻辑和认知出现了问题，还是信息和知识不充分，或者是个人偏见影响了判断。

我推荐产品经理阅读《思考，快与慢》和《经济学原理》这两本书。

如果还有余力，可以学习一些心理学、经济学、社会学方面的知识。不见得一定要产品经理自己学会，公司也可以雇心理学家、经济学家、社会学家做这方面的研究。

问答：产品经理的选、用、育、留

1. 中小企业如何培养产品经理？

俞军：中小企业的大部分产品经理都处在新手阶段，要靠快速迭代的业务不断验证。可以去上一些培训课，虽然用处不是太大，只能进行一些基础的训练，但是可以稍微扩展一下视野。小公司产品经理可能只做某一部分的工作，就像盲人摸象一样，但多摸几面，总归是有好处的。

然后，还要找一个合格的产品经理来教，因为产品经理必须通过实践来成长。这个人不用多优秀，只要基本素质过关，动机很强，天分不错，其他新人就可以成长起来，这是最有效的办法。没有一种方法可以简单地让一个产品经理迅速变成一个合格的军事指挥家（产品负责人）。

2. 产品负责人被权威技术人员挑战时，怎么办？

俞军：首先，真正的产品经理应该是三位一体的——决策权、商业能力、专业能力，如果缺了一点，就算你把产品给他负责也不会成功。

其次，如果你的公司只有一个产品，首席执行官或者创始人一定就是那个最大的产品经理，因为产品经理本身是一种职能，而不是职位，是在替这个产品的全局考虑。一个公司从小开始创业，如果说创始人不擅长找用户，成功的概率就比较小。所以，就职位而言，我觉得这个产品经理不见得一定要多厉害。

最后，就职能而言，实际上只要有批量商业化交易的地方，就存在产品经理，只是以前叫掌柜或者别的什么。他考虑的是这个东西或者组织是给谁用的，怎么提高服务。

3. 掌握经济学知识对产品经理的成功影响有多大?

俞军：我觉得不能要求所有的产品经理都去学经济学，因为它只合适少数人。

对公司来说，目前有两方面的做法：一是找很多经济学家，不管是请外部顾问还是进行内部研究都可以，也不一定非得是学者，既可以是专门研究定价的经济学专业的人，也可以是专门研究商业模式的人；二是找几个对这些领域特别感兴趣的产品经理，共同研究。

4. 如何评价一个公司的产品能力是否优秀?

俞军：产品经理很难衡量，因为他是在现实世界中解决问题，而且每个领域完全不一样，好和坏很难界定。如果要找一个答案的话，还是优秀人才的进和出。

一是优秀人才选择这个公司的比例，比如，拿着多份大公司录用通知的优秀产品经理有多少优先选了你。

二是从你这个团队出去的人才是不是市场上最受欢迎的那一部分。

一进一出，就能证明你是不是最优秀的。

从滴滴离职发朋友圈感恩

（2019 年 6 月）

感恩滴滴三年前的邀请，回到产品的世界，快乐而充实。喜欢这个曾经好战、如今谦逊、始终好学的团队。

也庆幸遇到这么多有“产品心”的产品经理，有坚持，有努力，有内在的温度和力量，让滴滴的产品体验持续进阶。

出行事业不容易，但滴滴正直认真、历尽艰难，实实在在地改变了无数人的生活。很遗憾因为家庭原因不得不搬去其他城市，但更多是祝愿，愿大家终身学习，勤于思考和实践。后续我也会继续参与，没走远，期待跟大家共同成长。

作者团队合影（左起：刘朱坤、隋信杰、刘美辰、黄远健、俞军、Anya、刘飞、肖勇、王思铭、赖俊宇）